KB098233

내편 아이

※ 이 책의 사례에 등장하는 모든 학생의 이름은
개인정보 보호를 위해 가명 처리되었습니다

내편 아이

발행일 2017년 07월 24일 초판 1쇄 발행
2023년 03월 23일 초판 5쇄 발행
지은이 이준원, 김은정
발행인 방득일
편 집 박현주, 허현정, 강정화
디자인 강수경
마케팅 김지훈

발행처 맘에드림
주 소 서울시 도봉구 노해로 379대성빌딩 902호
전 화 02-2269-0425
팩 스 02-2269-0426
e-mail momdreampub@naver.com

ISBN 978-89-97206-55-1

※ 책값은 뒤표지에 있습니다.
※ 잘못된 책은 구입처에서 교환하여 드립니다.
※ 이 책은 저작권법에 의하여 보호를 받는 저작물이므로 무단 전재와 무단 복제를 금합니다.

내면 아이

당신 내면의 아이를 만나기 위해

이준원 | 김은정 지음

맘에 드림

'사춘기', '중2병'이라고 말하기 전에 부모/교사의 '내면 아이'를 돌아보자

    중학생 자녀와 심각한 갈등을 겪는 엄마가 있었다. 그 엄마는 어린 시절 공부도 잘했고 별다른 문제 행동도 없었으며 조용하고 착한 아이였다. 그런데 어른이 되어 결혼을 하고 자녀를 양육하면서 너무나 힘들고 고통스러운 하루하루를 보내야 했다. 아이가 성장하여 초등학교 5학년이 되면서부터 점점 엄마와 아들 사이의 갈등이 심각해지기 시작했다. 그런 아들과 아내의 갈등을 지켜보던 남편이 해결해 보려고 개입하는 과정에서 부부 싸움으로 확대되었고, 심한 말다툼이 잦아지면서 부부 관계마저 나빠졌다. 결국 엄마는 결혼을 후회했고 남편을 원망하게 되었다.

    이 이야기는, 정도의 차이는 있지만, 학부모와의 수많은 상담 사례 중 가장 흔한 것이다. 이처럼 부모와 자녀 사이뿐만 아니라 교사와 학생들 사이에 일어나는 크고 작은 갈등들을 상담하는 과정에서 언제나 공통적으로 나타나는 것은 부모·교사의 내면에 상처 받은 '내면 아이'가 숨어 있다는 것이다. 특히 자녀가 사춘기에 들어서면서 자신의 생각을 여과 없이 부모에게 말하거나 이해할 수 없는 행동을 하게 되면 잠잠히 숨어 있던 부모의 '내면 아이'가 고개를 들고 나타나 자녀와 충돌하는 것을 쉽게 발견할 수 있다.

그러나 부모의 내면이 치유되고 진심으로 자녀의 존재를 있는 그대로 받아들이고 사랑할 수 있게 되면, 아이들 역시 갈등하던 자신의 문제를 털어 버리고 일어나 건강한 삶을 살아가는 변화를 경험할 수 있다. 우리 부부가 내면 치유를 공부한 후 처음 이러한 경험을 하였을 때는 신비롭고 놀라워서 밤을 새워 가며 이야기하고 또 다시 공부에 매진할 수 있는 동력을 얻기도 하였다.

이 책은 그동안 이와 같은 상담 사례를 모아 부모·교사의 마음속에 숨어 있는 완벽주의, 억압, 방치, 거절, 징벌, 충동성, 과잉보호 등의 '내면 아이'가 자녀/학생과의 관계에서 어떠한 영향력을 행사하는지, 어떻게 갈등을 일으키는지 볼 수 있게 하고, 그 뿌리를 찾아 근원부터 치유하는 방법을 필자들의 경험을 바탕으로 종합한 것이다.

특히 이 책을 집필하며 염두에 둔 것은 학부모·교사 상담이나 강의를 통해 다루었던 임상 경험을 아주 쉽게 소개하여 누구나 이 책을 읽으면서 스스로 자신의 '내면 아이'를 만나고 치유할 수 있도록 하는 데 중점을 두었다. 가능하면 어려운 상담 이론이나 용어를 떠나서 전문 서적이나 교재의 성격을 탈피해 보려고 노력했다. 그러기 위해 우리 부부는 각각 34년(이준원), 30년(김은정) 동안 학교 현장에서 상담한 사례, 내면 치유 워크숍에서 사용한 간단한 기법과 진단 방법 등에 대한 기록을 바탕으로 글을 썼다. 워크숍에서 만난 분들 중에는 우리 부부 가운데 한 사람이 쓴 《내면 아이 워크북》을 읽기만 했는데도 치유를 경험했다고 말했다. 무엇이 이들을 치유했을까? 이 책을 통해 그 비밀을 상세히 풀어 내고자 한다.

부디 이 책을 접한 독자들에게 거짓 없이 진실한 자신의 내면을 볼 수 있는 통로가 만들어지기를 바란다. 꾸밈없이 솔직한 자기 내면과의 만남, 진실한 사람과 사람의 만남을 통해 전달되는 사랑의 힘으로 치유를 경험하도록 도와주는 책이 되기를 기대해 본다. 그래서 상처 받은 '내면 아이'가 치유되어 진실한 사랑과 평안한 인간관계를 만들어 가는 놀라운 경험을 맛보기 바란다.

그리고 이 지면을 빌려 '내면 치유'를 만나고 알게 하신 우리들의 스승 정태기 교수님, 우리 부부에게 '내면 아이'를 가르쳐 주시고 강의를 통해 이 책의 이론적 체계를 세울 수 있도록 지도해 주신 치유상담 대학원 대학교 김중호 교수님께 진심을 담아 감사의 말씀을 전한다.

2017년 7월 푸르른 날

이준원 · 김은정

차례

1장

상처 받은 당신의 '내면 아이'

1. 당신의 '내면 아이'가 자녀들을 위협한다

속 터지는 재석 엄마

재석은 중학교 2학년 남학생이다. 재석은 학교에서 생활하는 모습과 집에서 엄마를 대하는 태도가 너무 다르다. 학교에서는 모든 선생님께 인정받고 칭찬받는 모범생이다. 그러나 집에서는 엄마와의 관계가 좋지 않고 학교에서와는 너무나 다르게 행동한다.

#1 방과 후 집에서

"야! 밥 차렸어! 빨리 나와 저녁 먹어!"

엄마가 재석에게 소리를 지른다.

이놈의 자식은 학교에 갔다 오면 방으로 들어가서 처박혀 무엇을 하는지 꼼짝도 않는다. 오늘도 몇 번이나 불렀지만 나오지 않는다. 엄마는 화가 치밀어 올라 아들의 방문을 걷어차듯 열고 들어갔다.

"너 빨리 안 나와!"

아들은 들은 척도 않고 침대에 누워서 스마트폰만 만지작거린다. 게임을 하는 것 같다. 귀에는 이어폰을 꽂고 있는데 소리가 얼마나 큰지 엄마의 큰 소리가 들리지 않는 것 같다. 손에는 스마트폰, 귀에는 이어폰. 벌렁 누워서 노래를 들으며 게임을 하는 것 같다.

"야! 안 일어나?"

엄마가 소리를 질러 대자 힐끔 한 번 쳐다보더니 아랑곳하지 않고 다시 게임을 한다.

속에서 불이 나고 참기 힘들어서 이어폰을 잡아 빼며 또 소리를 질렀다.

"야, 김재석! 너 안 일어나! 내가 밥 먹으라고 몇 번이나 불렀어! 빨리 안 일어나!"

"에이씨, 왜 남이 음악 듣고 있는데… 방해하고 그래?"

"뭐라고! 네가 남이야! 엄마가 몇 번을 불렀는데, 들은 척도 안 해? 안 일어날 거야?"

"왜 참견이야? 허락도 없이 남의 방에 맘대로 들어오고…. 아, 짱나!"

#2 담임 선생님이 학교에서 보는 재석

재석은 매사에 적극적이고 진취적이다. 자신에게 주어진 일을 회피하지 않고 자신의 힘으로 헤쳐 나가고자 하는 자기 주도적 생활 태도를 가지고 있다. 교내 다독왕에 선정될 정도로 책 읽기를 좋아해 다방면에 상식이 풍부하다. 성격이 활달하며 어려운 친구를 잘 도와주고 맡은 일에 대한 책임감이 강하다. 긍정적이고 칭찬을 잘하여 교우 관계도 원만하다.

#3 교무실

점심시간, 재석과 찬우가 교무실에 들어왔다.

재석은 담임 선생님에게 선물할 토킹 스틱(목공예 작품)을 가지고 왔고, 찬우는 수행평가 과제물을 제출하기 위해 함께 온 것이다.

마침 교무실에서는 손님 접대를 위해 원두커피를 내리고 있었다.

재석 와~ 커피 냄새 정말 좋다!

찬우 와… 나도 바리스타가 꿈인데.

재석 우리 아빠도 요즘 커피에 푹 빠지셨는데….

찬우 근데 커피물이 왜 이렇게 조금씩밖에 안 나와요?

교사 음….

재석 이건 말이지… 물 분자끼리 서로 잡아당기는 인력에 의해 물이 조금씩 내려오는 거야.

교사 와~ 재석아! 과학적 분석, 훌륭해!

재석 (으쓱하며) 1학년 때 배웠던 거예요.

교사 과학 수업을 잘 들었구나! 그래~ 물이 천천히 내려와야 커피 알갱이에서 성분이 잘 빠져나올 수 있는 거지.

#4 사서 교사가 본 재석

재석은 늘 도서관에 오는 학생이다.

문을 열고 들어오면서 밝게 인사를 한다.

재석 선생님, 저 왔어요.

사서 교사 그래, 재석아. 이번에 신간 도서가 들어왔는데 한 번 볼래?

재석 네, 선생님. 그런데 책이 엉망진창이네요?

사서 교사 그래? 그럼 선생님 조금 도와줄래?

재석 네, 정리해 드릴게요. 현민아 우리 같이 선생님 도와 드리자.

사서 교사 그래, 우리 재석이 정말 고마워. 현민이도 고마워.

"초등학교 땐 안 그랬는데, 아이가 이상해졌어요"

중학생 학부모에게 가장 많이 듣는 말이다. 초등학생 때는 부모 말을 잘 듣고 반항이라는 것을 모르던 착한 아이여서 명령식의 일방적인 말에도 공손히 잘 따랐는데 이제 좀 컸다고 자신의 목소리를 내기 시작한다는 것이다.

사춘기로 접어든 아이들은 부모의 말에 동의할 수 없다고 생각하면 따르지 않는다. 부모라는 권위로, 또는 어른이라는 이유로 누르려고 하면 아이는 반항한다. 이러한 사춘기 자녀의 태도에 부딪치면 대부분의 부모는 당황해한다. 그동안 쭉 보아 오던 아이와 너무 다른 모습에 말을 잘 안 듣고 반항한다고 생각한다. 아이 입장에서 보면 반항이 아니라 자신의 생각을 말하는 것뿐이고, 자기의 삶을 스스로 살아갈 나이가 되어 가는 것뿐인데. 부모는 그동안 익숙했던 부모-자녀 간 균형이 깨지는 것을 견디기 힘들어한다.

'내가 너를 어떻게 키웠는데….'
'아직은 내가 먹이고 입히고 재우고 용돈도 주고 학비도 대 주는데 나한테 이럴 수 있나!'

이런 생각에 화가 난 부모는 어떻게든 지금까지 해 왔던 방식을 고수하며 자녀에게 무조건 따라오라고 강요하지만 자녀는 호락호락하지 않다. 게다가 자녀를 물리적인 힘으로도 제압하지 못한다는 것을 알면 허둥대기 시작한다. 이런 일이 몇 번 반복되면 너무 놀라고 당황해서 균형을 잃고 과잉 반응한다. 학교에서 보는 아이는 지극히 정상적이고 건강한데 부모는 자녀가 이상해졌다고 표현하는 것은 이러한 괴리에서 시작되는 것이다. 인정하기 싫고 어떻게 해야 하는지도 잘 알지 못하는 불편한 상황에서 부모가 가장 편하게 회피하는 방법이 있다. 자녀에게 병명을 붙이는 것이다.

"중2병 말기 환자."
"이놈이 사춘기네."

이런 말로 부모로서의 책임을 회피하려 하지만 마음은 편하지 않다. 그래서 나타나는 증세가 짜증스런 잔소리다. 사춘기 학생들이 제일 듣기 싫어하는 것이 '잔소리'인데 부모의 잔소리는 늘어만 간다. 이렇게 되면 자녀 교육이 아니라 '전쟁'이 된다. 이것이 심해지면 자녀가 하는 모든 말과 행동이 맘에 들지 않는다. 늦장 부리기나 말을 잘 하지 않는 것, 스마트폰이나 컴퓨터에 빠져 사는 것 등등, 사사건건 모든 것이 맘에 들지 않는다. 부모의 말은 거칠어지고 폭력 수준으로 변한다. 아이는 부모의 잔소리가 싫어서 마음의 벽을 더 높게, 견고하게 쌓으며 입을 닫고 귀를 막는다. 그러면 부모는 목소리가 더 높아지고 자녀 앞에서 한숨을 짓는 횟수도 늘어 간다.

"다른 집 애들은 잘만 크던데 이놈은 누굴 닮아서 이 모양이야."
"어쩌다 저런 걸 낳았나….''
"내 자식 맞나?"

위험한 수준의 말 때문에 자녀와의 문제가 부부 싸움으로 변질 되기도 한다. 집안 분위기도 싸늘해진다. 물리적인 힘을 발휘해 보고 싶지만 무슨 일이 생길 것 같아서 참자니 속이 부글거린다. 자녀에 대해 생각만 해도 짜증스럽고 걱정되며 화가 난다.

어린 시절 마음의 상처 때문에 만들어진 '내면 아이'[1]가 부모가 된 현재까지 아직도 마음속에 남아 있는 것이다. 이러한 '내면 아이'는 우울한 마음과 낮은 자존감, 불안, 적대감, 분노 등으로 나타나 아내-남편 관계, 부모-자녀 사이, 고부 관계, 그리고 학교에서는 교사-학생, 동료 교사-직원 간에 여러 갈등과 문제들을 만들어 내며 가정이나 학교 공동체를 힘들게 하고 있다.

2. 자녀의 성장은 부모의 '내면 아이'를 불러낸다

치유되지 않은 '내면 아이'는 부모가 되어도 사라지지 않는다

지금은 부모가 되었지만 그들 또한 어린 시절 자신의 부모로부터 통제와 억압을 받았거나 방치, 거절을 당했고, 심한 경우 폭력이나 학대를 경험하며 자라 왔다. 이러한 상처에도 상담이나 적절한 치유 과정 없이 사랑하는 사람을 만나 결혼을 하고 자녀를 낳는다. 당연히 그들의 내면에는 어린 시절 마음의 상처가 만들어 낸 비뚤어진 자기 인식과 부정적인 자아상이 자리를 잡고 영향

---

1. 어린 시절부터 들어온 말 또는 사건이나 경험이 만들어 놓은 자신에 대한 비합리적인 신념과 모순된 감정들이 성인이 된 지금까지도 삶에서 정서적으로 영향력을 행사하고 있는 심리적 상태를 '내면 아이'라고 부른다.

력을 행사하고 있다.

많은 부모가 이러한 '내면 아이'가 자신의 삶에 영향력을 행사하고 있다는 것 자체를 인식하지 못한 채 살아간다. 따라서 어떻게 대처해야 하는지도 모르고 부부 관계, 부모-자녀 관계를 악화시킨다. "결혼 전에는 안 그랬는데 결혼 후에 사람이 이상해졌다."라고 말하며 서로를 향해 비난을 쏟아 낸다. 자녀에 대해서는 "초등학교 때까지는 안 그랬는데 중학생이 되면서 이상해졌다."고 비난한다.

'내면 아이'가 자신의 감정과 행동, 다른 사람들과의 관계에서 어떤 작용을 하는지를 모른다면 속수무책 계속 당하게 된다. '내가 이것밖에 안 되나. 한심하다!'는 생각에 좌절감을 느낀다. 사람들과의 관계가 불편해지고 분노와 실망감으로 삶이 행복해지지 않는다.

부모의 무의식 속에 꼭꼭 숨어 있는 '내면 아이'

부모에게 저항하기 불가능한 유아나 초등학교 저학년의 어린 자녀에게는 부모의 '내면 아이'를 그대로 대물려 주기 쉽다. 어린 아이는 살아남기 위해 무조건 부모의 말에 따르고 복종할 수밖에 없다. 그러나 좀 더 성장하여 초등학교 고학년이나 중학생쯤 되면 부모-자녀 간의 충돌이 일어나기 시작한다. 사춘기가 되면 자녀들은 더 이상 부모의 억압이나 언어적, 신체적 횡포에 참고만 있지 않고 여러 가지 방법으로 저항을 하기 때문이다. 이러한 충돌 과정에서 부모의 무의식 속에 꼭꼭 숨어 있던 '내면 아이'가 고개를 들고 밖으로 나오게 되는 것이다. 자녀의 사춘기는 부모의 내면에 숨어 있던 가시덤불이나 바윗돌, 즉 '내면 아이'가 드러나게 한다. 부모의 마음 밭에서 몰래 자라고 있는 가시덤불이라는 상처와 돌이라는 '내면 아이'를 들춰 내는 것이다. 물통 깊이 가라앉아 있던 찌꺼기를 흔들어 올라오게 하는 역할을 사춘기 자녀가 한다. 부모의 무의식 속에 꼭꼭 숨어 있던 '내면 아이'를 깨우는 역할을 사춘기 자녀가 하는 것이다.

성인은 사회생활이나 다른 사람과의 관계에서 마음이 상하고 분노를 느끼거나 혼란스럽고 당황스러운 경험을 겪으면서도 '내면 아이'가 드러나는 것을 억누른다. 그러나 부모의 상처 받은 '내면 아이'가 어떤 태도를 취하든 그대로 다 받아 주던 어린 자녀가 성장해 그것을 더 이상 용납하지 않을 때는 적나라하게 그 모습이 드러난다. 이러한 모습은 결혼 전엔 드러나지 않았던 남편의 '내면 아이'가 결혼 후에 자녀를 낳고, 서로에게 편안하고 안전한 관계가 되었을 때 지나친 태도와 이해할 수 없는 행동으로 드러나는 것과 유사하다.

그런데 한 가지 분명한 사실은, 사춘기를 어떻게 보내느냐에 따라 자녀의 인생이 달라질 수 있다는 것이다. 사춘기를 예쁘게 보낼 것인지, 아니면 내면의 상처를 악화시켜 부모를 힘들게 하고 자녀도 평생 상처를 안고 살게 할 것인지는 부모와 교사, 또는 아이 주변에 있는 성인들의 몫이다. 특히 부모의 역할은 절대적이라고 말할 수 있다.

부모의 역할 가운데 가장 중요한 것은 자녀를 '인정'하고 '존중'하며, 자녀의 말을 귀 기울여 들어 주고(경청) 기다려 주는 수용성이다. 자녀의 행동이나 모습이 도저히 눈에 거슬려 용납하기 어렵고 참기 힘든 경우가 있을 때 보통의 부모는 야단을 치거나 비난하며 화를 낸다. 바로 이러한 '분노'의 뿌리에 부모의 '내면 아이'가 숨겨져 있는 것이다.

자녀가 태중에 있을 때부터 지금까지 성장하는 과정에서 부모는 절대적인 영향을 미쳐 왔다. 자녀의 현재 모습은 부모의 작품으로 만들어졌을 확률이 높다. 아이가 지금 쓰는 말이나 행동, 인간관계에서 갈등을 해결하는 방법 등은 부모에게서 물려받은 것인데, 부모의 양육 방법에 따라 아이가 어떤 삶을 살아가게 되는지 결정된다고 할 수 있다.

부모의 '내면 아이'의 영향력은 막강한 힘을 가지고 있다. 치유되지 않은 부모의 '내면 아이'는 특히 자녀에게서 자신의 모습을 보게 될 때 더 참지 못하고 못 견뎌 한다. 이때 폭발하는 부모의 분노 섞인 감정 표현이 사춘기 자녀와의 큰 갈등 요소가 된다. 따라서 부모-자녀 간의 전쟁을 공정하게 들여다보면, 이것은 사춘기 아이와 부모의 '내면 아이'의 충돌이다. 부모의 치유되지 않은 '내면 아이'가 양육 과정에서 아이를 우울하게 하거나 심한 스트레스에 시달리게도 하고 공격적인 행동, 낮은 자존감, 게임 중독 등의 문제를 일으킬 요인을 심어 주게 된다. 이러한 요인들은 자녀가 점점 자라면서 좋은 인간관계를 형성하거나 건강한 정서를 가지고 살아가는 데 큰 걸림돌이 된다.

이러한 문제를 해결하려면 어린 시절 만들어진 '내면 아이'가 지금 내 삶에서 어떻게 영향력을 행사하고 있는지 알아차리는 것이 중요하다. 내 삶에 어떤 영향을 미치고 인간관계에서 어떻게 작동하는지 알게 되면 대처할 수 있다. 이렇게 밖으로 드러난 '내면 아이'의 성향을 알아내고 분석한 후 치유를 통해 성장시키면 이전보다 훨씬 더 정서적으로 평안하고 행복한 삶을 살 수 있다. 마치 복통의 원인을 모른 채 고통을 당하며 살다 맹장염이라는 진단을 받고 수술한 뒤 복통이 사라지고 건강을 회복하는 것과 비슷하다고 할 수 있다.

사춘기와 상처 받은 '내면 아이'가 구분되는가?

언젠가 '내면 치유' 관련 교사 연수 강의가 끝난 후 중학교 교사이면서 중학생 자녀를 둔 어머니 한 분이 자녀와의 갈등에 대한 고민을 말하고 나서 다음과 같은 질문을 했다.

"사춘기의 특징과 상처 받은 '내면 아이'가 매우 유사하게 나타날 수 있는데 어떻게 구분할 수 있을까요? 또한 구분할 필요가 있습니까?"

둘은 확실하게 다르다! '내면 아이'로 인한 문제를 사춘기라서 그렇다고 넘겨 버리려는 것은 위험하다. 왜냐하면 어린 시절 부모나 중요한 역할을 하는 주변 사람들로부터 충분한 사랑과 존중, 돌봄을 받고 자란 학생의 사춘기 현상은 상처 입은 '내면 아이'와 확실하게 구분된다. 인정받지 못한 '내면 아이'가 인정받고 싶어서 몸부림을 치는 것, 억압된 '내면 아이'가 기죽어 있고, 거절과 방치, 학대당한 '내면 아이'가 분노를 폭발하는 것과 사춘기의 행동과는 차이가 있다.

보통 사춘기의 특성과 함께 나타나지만 상처 받은 '내면 아이'가 있는 아이들은 보다 폭력적이거나 심한 문제 행동을 보인다. 학생들을 지도할 때 간단하게 질문을 던져 보고 표현하는 말이나 마음을 잘 살피면 분명한 차이를 쉽게 알 수 있다. 생물학적 발달 단계에서 보이는 사춘기 자녀를 대하는 것과 상처 입은 '내면 아이'를 치유하는 것은 다르게 접근해야 한다. 따라서 모든 자녀와의 갈등을 사춘기라서 그렇다고 단정하고 무시해 버리는 것은 자녀에게 더 큰 상처를 줄 수 있다.

학생들의 항변

"엄마는 나를 못 믿어요!"
"공부하고 있지 않으면 엄마는 무조건 짜증부터 내요."

"마음에 들지 않으면 공부나 하라고 소리 지르며 화를 내요."

"엄마랑 말이 통하지 않아요."

"엄마는 맨날 잔소리가 심해요."

"나한테 물어 보지도 않고 규칙을 정해 놓고 강제로 지키라고 하는 건 불공평해요. 지키기 싫어요."

"아기 취급하고, 간섭이 심해요."

비교하기/편애

#1

엄마가 "○○이는 잘하는데 너는 이런 것도 못하니?"라는 말을 자주하는데, 걔는 걔고 나는 난데 왜 자꾸 비교하냐고요. 내가 잘할 땐 칭찬도 안 해 주면서…. 비교당하는 기분이 싫어요.

동생하고 싸웠을 때 하는 말은 더 듣기 싫어요.

"동생 50%만 닮아라! 네가 언니니까 잘해야지. 동생들은 다 너한테 배우는 거야!"

#2

엄마나 오빠한테 더 가까이에 있는 물건들인데 꼭 나에게만….

"휴지 가져와! 칫솔 가져와! 그릇 꺼내 와!"

#3

"옆집 현주는 전교 3등이래. 현주 엄마는 얼마나 좋을까"('현주 엄마 하세요.')

비난하기

#1

"넌 왜 공부는 안 하고 맨날 놀기만 하냐?"
"웬일로 공부를 다 한대?"

#2

"이제 거울 좀 그만 보고 생각 좀 해라!"

#3

"너, 나중에 어떻게 하려고 그래? 너처럼 해서는 아무것도 못해!"

[그림 1] "넌~ 뭐 해 먹고 살래?"

#4

"말대꾸하지 마라!"

"싹수가 노랗네!"

"너 같은 아들 둔 적 없다."

"한심하기 짝이 없네."

"넌 왜 그 따위로 사냐?"

[그림 2] "넌 왜 그 따위로 사냐?"

#5

"머리 꼴이 그게 뭐냐? 머리 좀 잘라라!"

#6

나는 최선을 다해서 설거지를 하고 엄마의 칭찬을 기대했다. 그런데 엄마는 "왜 이렇게 했냐? 이왕 할 거면 좀 더 잘해야지." 이러면서 짜증을 낸다.

#7

친구 문제로 엄마와 이야기하다가 넌 왜 그렇게 아이들과 친하지 못하냐며 병신 같다고 할 때 싫다. 그게 내 마음대로 되는 게 아닌데…. 나도 친해지고 싶은데 계속 친구 문제로 뭐라 뭐라 할 때 정말 죽고 싶을 만큼 싫다. 짜증 난다. 엄마가 어떻게 하지도 못하면서 나보고 바보 같다고 그러면 나도 모르게 욕이 튀어나올 만큼 싫다.

[그림 3] "넌 왜 아이들과 못 친하냐?"

#8

아빠: "숙제 안 하냐? 뭐가 되려고 그러냐? 네가 항상 문제야!"

[그림 4] "네가 항상 문제야!"라는 부모의 말을 들은 마음을 그림

무시하기

#1

내가 생각하는 것을 엄마에게 말하면

"니가 뭘 안다고." 무시할 때 화가 난다.

"넌 왜 못하니?"

[그림 5] "넌 왜 못하니?"라는 말을 들을 때마다 나의 마음은 이렇게 된다.

#2

휴대전화를 오~래 오~래 하면서 내 얘긴 안 들어 주고 내가 말하면 가만히 있으라고 할 때 진짜, 진짜 제일!! 화가 난다.

#3

아빠: 내가~ 하면, 하고 싶은 거 시켜 준다고 약속했으면서 나중에 또 다른 조건을 걸거나 말 바꾸실 때 화난다.

#4

"공부 좀 해라! 학원비가 아깝다!"

"빙신, 그것도 못하냐?"

이런 말은 이제 지겹다.

#5

"공부가 제일 쉽고 재미있는 거야!!"

"세상에 너 같은 고3은 없을 거야. 핸드폰을 없애던지 해야지!!"

"너~ 갈 대학이나 있냐?"

열심히 공부하다가 잠시 쉬고 있는데,

"너!! 고3 맞아?"

#6

엄마: "오늘 시험 잘 봤어?"

딸: "그냥 그래."

엄마: "니가 그렇지 뭐…."

딸: "… ㅠㅠ"

잔소리

#1
공부하려고 할 때 공부하라고 잔소리.
씻으려고 할 때 씻으라고 잔소리.
방 청소하려고 하는데 "방 청소해!"

#2
스마트폰 시작한 지 2분도 안 됐는데 "넌 맨날 휴대폰만 하냐?
그만해라!"

#3
엄마: "공부 좀 해라!"고 해서 밤 9시까지 학원에서 공부하다 왔
지 않았느냐고 말하면 "학원에서 하는 건 공부가 아니야!"
아빠: 어느 날 뜬금없이 "책 좀 읽어라."

#4
공부하다 게임 시작할 때 "공부 좀 해라!"
이제 막 먹기 시작했는데 "그만 좀 먹어라!"
마음에 안 들면 "그러면 용돈 없다."

#5

"쓰레기 좀 버리고 와." ('쓰레기는 오빠도 버릴 수 있는데')

"책상 청소 좀 해라." ('책상 깨끗합니다.')

"그만 먹어!" ('별로 안 먹었는데요.')

"이거 해라, 저거 해라." ('엄마 앞에 아빠와 동생도 있는데 왜 나만 시켜요!')

"나중에 커서 뭐가 되려고 그러니?" ('다 계획이 있어요.')

"TV 좀 그만 봐라." ('잠깐 보는 건데요.')

"공부 좀 해라." ('자꾸 그러면 더 하기 싫은데요.')

"정신 좀 차려라." ('나 정신 있어요.')

"그만 퍼 자라!" ('토요일이라도 좀 잘게요.')

"숙제했냐?" ('숙제는 내가 해요.')

#6

공부 다하고 나와서 10분 쉬는데 "이제 들어가서 공부 좀 해라!"

#7

속상했던 일이 있어서 엄마에게 이야기하면 처음에는 조금 들어 주는 척하다가 "남 탓하지 말고 네가 잘못한 거 생각해 봐. 다 네 잘못이야! 너나 잘해!" 한다. 아니… 내가 속상하다는데. 내가 뭘 잘못했는데. 그냥 "아 그랬구나! 많이 속상했겠다."라고 하면 될 걸 그거 하나 얘기하는 게 그렇게 힘들어서 나한테 설교하는

거냐고 지금…. 어이가 없고 속상해서…. 다신 이런 얘기 엄마한
테 안 한다. 엄마하고 말 안 한다.

망신 주기

#1

여러 사람이 있는 자리에서 나를 디스. "날씬하긴요. 저 허벅지
랑 엉덩이 좀 보세요."

#2

아빠: "이봐라, 앞머리 넘기니까 훨씬 낫네!"

#3

가족 앞에서 엄마가 하는 말. "밥 좀 그만 먹어!! 엉덩이 좀 봐!!"

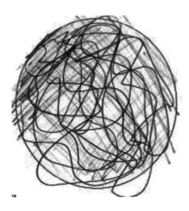

[그림 6] "넌 왜 이렇게 뚱뚱하니?"

화내기/겁주기/한숨 쉬기

#1

"야, 너 이리 와 봐!"라는 말을 들으면 일단 짜증부터 난다.

본인이 잃어버린 물건을 계속 못 봤냐며 추궁하면서 나에게 화풀이를 하면 나도 정말 화가 난다.

#2

이야기도 다 들어 보지 않고 "너, 그렇게 하면 아무것도 없다."라고 화부터 낸다.

#3

알 수 없는 엄마의 한숨. 나 때문에 그런 줄 몰라도 내 앞에서 나를 보며 한숨을 크게 쉬신다.

"에~휴~."

#4

아빠는 평소 말이 별로 없는데 툭하면 화부터 낸다.

#5

아빠: "너, 한 번만 더 그래. 지지배가 돼 가지고, 공부 좀 해라. 아는 게 뭐야? 넌 항상 그렇잖아."

#6

아빠: "시험 봤냐?"

아들: "(자랑스럽게) 올랐어요~~."

아빠: "몇 등?"

아들: "(자랑스럽게) 전교 57등!"

아빠: "세상은 1등만 인정해 준다!"

아들: "… ㅠㅠ"

이렇게 자녀를 비난하고 무시하고 화나게 해서는 어떤 교육도 소용이 없다.

부모에게 인격적으로 무시당하고 비교당하는 아이, 방치된 아이, 존중받지 못한다고 생각하는 아이, 사랑받지 못한다고 생각하는 아이…. 이런 아이들에게는 아무리 훌륭한 학교교육도, 수업 방법도 효과가 없다.

부모로부터 꾸준히, 반복해서 비난하는 말을 들으면 아이는 처음에는 반항을 하거나 짜증을 낸다. 그러나 무의식 속에서는 '나는 참 나쁜 아이인가 보다!', '나는 왜 잘하지 못해서 엄마 아빠를 화나게 하지? 참 못난 인간이구나!' 하는 생각을 굳히게 된다. 이것이 '내면 아이'로 자리 잡게 되면 어른이 되어서도 스스로를 강하게 비난한다.

그러나 반대로 부모에게 존중과 사랑, 인정을 받고 자란 아이는 건강한 자존감이 형성된다. 학교에서도 마찬가지다. 아무리 어설

픈 교육과정이나 보잘것없는 시설에서도 교사들이 아이에게 사랑하고 존중하고 인정한다는 확신을 전해 주면 건강하게 자란다. 가정에서 부모에게 사랑받고 학교에서 존중과 인정을 받는 아이는 힘든 사춘기가 와도 별 탈 없이 무사히 지나간다. 사춘기를 지나 성장하여 사회에 나가 힘든 상황을 만나거나 절망적인 일이 닥쳐도 잘 극복하고 헤쳐 나갈 수 있는 힘이 있다. 이것이 건강한 자존감의 힘이다.

3. "너를 사랑한다. 너는 소중한 아이란다"

인격을 갖춘 존재로 인정해야

부모가 자녀와 소통하는 방법을 조금만 바꾸어도 부모-자녀 관계가 한결 좋아진다. 할 어반은 자신의 책에서 "긍정적인 말이 몸속으로 들어갑니다. 그래서 우리를 건강하게 합니다. 희망을 주고, 행복하게도 하며, 높은 에너지를 주기도 하고, 감탄하게 하고, 삶이 재미있고 명랑하게도 합니다."라고 말했다. 모든 학자의 공통적인 견해다. 부모가 자녀에게 긍정적인 에너지를 주며 대화하는 방법을 공부하고 습관이 되도록 반복 훈련해야 한다. 자신의 부모로부터 물려받은 언어 습관은 쉽게 바뀌지 않는다. 꾸준한 노력과 훈련이 필요하다.

[그림 7] "사랑해!"라는 말을 들었을 때

'나의 아이'이고, 내 마음대로 해도 되는 '나의 소유'라는 생각을 빨리 버리고 독립된 한 사람으로 인정하고 인격적으로 대해 주며 존중해야 한다. 더 이상 부모 마음대로 해도 되는 어린아이가 아니다. 어른 비슷한 수준의 생각이 있고 성인이 되어 가는 과정에 있는, 인격을 가진 한 사람으로 인정해 주어야 한다.

중2병? 그런 건 없다

우리 학교 2학년 아이들이 다 '중2병 환자'라고?
인정할 수 없다. 학교에 와서 아이들과 하루만 살아 보라! 대부분의 아이들은 환자가 아니라 아주 훌륭한 인격을 가진 정상적인 사람이다. 잔머리 굴리는 어른들보다 훨씬 정상이다.

'중2병'이 전문가라는 분들이 하는 말이라고 하지만 절대 인정할 수 없다.

30년 이상 학교에서 청소년들과 부닥치며 살아온 전문가가 있다면 함께 이야기해 보고 싶다.

아이들 속에 들어와 보고 이야기해야 한다. 어른들 이야기만 듣고 아이들에게 '중2병'이란 병명을 붙이는 것을 이해할 수 없다.

어른 사이에 갈등이 커지고 싸움으로 확대된 사건이 발생했을 때, 이를 중재한다고 하면서 두 사람 중 어느 한 사람의 이야기만 듣고 판단할 수 있는가? 그러면 나머지 한 사람은 정신병자 취급을 받게 된다. 청소년들 입장에서 보면 너무 억울한 누명이다. 물론, 부모의 억압적이고 일방적인 태도에 대응하는 방법이 미숙한 것은 사실이지만, 그렇다고 모든 갈등의 원인을 자녀의 이상 행동으로 몰아가는 것은 공평하지 않다. 이렇게 말하면 "나는 억압적이거나 폭력적이지 않다."고 말하는 부모가 있다. 그러나 자녀를 짜증 나게 하고 힘들게 하는 요소는 여러 가지다. 부모 이외의 다른 사람이나 환경일 수도 있다. 가장 중요한 요인은 '부모와 자녀의 관계'다. 부모와 자녀 사이에 좋은 관계가 유지돼 자녀의 '자존감'이 건강하게 형성되면 밖에서의 어려움은 다 극복해 낼 수 있는 힘이 된다. 30년 동안 내가 만난 청소년들 중에 병적인 아이는 소수에 불과했다.

그러면 지금 우리 사회의, 이른바 '청소년 문제'는 무엇인가?

부모/교사의 마음속에 있는 성숙하지 못한 '내면 아이'의 문제다. 그들은 특히 자신과 다른 생각을 하는 자녀/학생을 수용할 수 있을 만큼의 마음의 폭이 넓지 못하다. 부모나 선생님 그리고 아이들 주변에 있는 중요한 역할을 하는 사람들 속에 있는 어린 시절부터 만들어진 신념 체계(belief system), 특히 상처 받은 '내면 아이'가 청소년의 성장 과정에서 일어나는 문제를 수용하고 기다려 주지 못하게 하여 충돌을 일으키는 것이다.

쉽게 말하면 어른들 속에 있는 '내면 아이'와 아직 인격적으로 다 자라지 못한 어린 자녀의 미성숙함이 부딪치는 것이다. 예를 들면 칭찬받고 싶은 '내면 아이'가 있는 부모는 그동안 '칭찬에 집착'하며 살아왔다. 사람들로부터 칭찬받기 위해 애쓰며 열심히 살아왔다. 그런데 어느 날 갑자기 내가 낳아 기른 내 자식한테 미래에 잘되라고 "게임 좀 그만하고 공부 좀 하라."고 말했더니, "아 짜증 나! 하면 되잖아!" 하는 반응을 보인다. 부모 마음속에 있는 칭찬받고 싶은 '내면 아이'는 당황해하며 화를 낸다. 그래서 말이 거칠어지면서, 자녀를 훈계하고 교육하는 것이 아니라 서로 싸움을 하게 된다.

이처럼 부모 마음속에 있는 '내면 아이'는 공부는 안 하고 게임만 하고 있는 자녀를 보는 순간부터 '공부 좀 하라'고 말하는 모든 과정에서 어른스런 말이 아니라, 자녀보다도 더 어린 아이(child) 같은 수준의 말과 표정으로 자녀에게 싸움을 거는 효과로 나타나게 만든다.

부모/교사 속에 있는 '내면 아이'가 치유돼 나이에 걸맞은 성숙한 어른이 되면, 미성숙한 자녀와 문제를 일으키거나 충돌할 확률은 훨씬 줄어든다.

아이들의 자존감 높이기

잠재되어 있던 천부적 능력이 발현되고 정직하며 대인관계에서 성공할 수 있는 사람이 되려면 자존감이 높아야 한다. 아이의 자존감에 가장 큰 영향력을 행사하는 사람은 당연히 부모이고, 그 다음으로는 교사, 친구와 같이 가까이에 있는 사람들일 것이다.

부모나 교사가 아이들에게 줄 수 있는 가장 소중한 선물인 '건강한 자존감'은 어떻게 만들어지는 것일까?

[그림 8] "넌 할 수 있을 거야!"

자존감은 타인으로부터 인정받고 수용되는 진실한 사랑을 많이 받을 때 형성된다. 특히 아이에게 중요한 역할을 하는 부모나 선생님이 하는 평가는 그대로 나의 존재감을 결정짓는 힘이 크다. 이것은 이론적으로 공부해서 머리에 넣어 줄 수 있는 것이 아니다. 꾸준히 자신에게 들어오는 타인의 반응과 평가가 조금씩 쌓여서 나의 모습으로 확정되는 것이다. 주변 사람들에게 사랑받고 따뜻한 돌봄 속에서 자란 아이는 '나는 사랑받는 귀한 존재구나!'라고 스스로를 규정짓게 된다. 이런 아이는 자존감이 높다. 따라서 대인관계도 원만하며 매사에 안정적이며 자신의 삶에 대해 자신감 있게 선택하고 책임지며 살아간다.

그러나 이와는 달리 부모나 중요한 역할을 하는 사람들이 설정한 기준을 넘어설 때만, 그들의 기대가 충족되었을 때만 사랑과 따뜻한 보상을 받았던 아이는 '사랑받기 위해 발버둥을 치는(집착하는)' 아이가 된다. 이런 아이는 마음에 평안이나 안정감이 없다. 항상 불안해하며 규칙과 의무감에 지나치게 매여 행복한 삶을 살지 못하게 된다. 심한 경우에는 인간관계가 경직되며 공격적이거나 방어적이고 산만한 태도를 보인다. 모든 일에 불만족스러워하고 짜증을 많이 낸다.

이런 아이에게 "당당하고 자신감 있게 살아라.", "너는 참 괜찮은 아이야.", "가슴을 펴라! 기죽지 마라! 네가 어디가 못났다고 그러고 다니느냐?"라고 말해 보았자 아무 소용이 없다. 그러한 말 대신 아이가 말할 때 적극적으로 경청하며, 공감하고, 실패를 두려워하지 않도록 '너를 믿는다'는 눈빛으로 지켜봐 주는 것이 필요하다. 이렇게 기다려 주고 지켜봐 주면서 자신의 일을 스스로 선택하여 실행하며, 실수도 얼마든지 수용되는 경험을 하게 해 주어야 한다. 이처럼 주변 사람, 특히 부모와의 관계를 통해서 아이의 자존감은 형성되는 것이다.

자존감 높이기는 하루아침에 되는 것이 아니다. 천천히 그러나 꾸준히, 지속적으로 말과 표정을 통해 삶으로 전이되어야 한다. 가랑비 맞듯이 천천히 그러나 꾸준히 쏟아 부어 주는 것이 중요하다.

그런데 대부분의 부모는 자녀를 열심히 공부시켜 학교 성적을 올리려는 데 목표를 두다 보니 이처럼 소중한 '자존감'에 상처를 준다. 성적보다 더 중요한 것은 아이의 자존감을 높여 공부를 좋아하고 즐겁게 할 수 있도록 도와주는 것이다. 지금 당장이 아니라 10년, 20년 뒤 아이가 건강한 어른으로 성장해 사회에 나아가는 것을 목표로 해야 한다. 이렇게 기다려 주면 자녀에게 주어진 천부적인 잠재 역량이 발현되는 것을 지켜보는 기쁨을 맛볼 수 있게 된다.

자존감을 다시 세울 수 있는 좋은 기회 '사춘기'

"나도 이제 다 컸다고!"
어린 시절에는 부모가 시키는 대로, 누르면 누르는 대로 순응하며 마음의 상처를 꾹꾹 눌러 담고 있었다면, 초등학교 5, 6학년이

나 중학생이 되면 그렇지 않다. "나 이렇게 힘들어!"라고 외칠 수 있게 되는 것이다. 이제부터는 자신의 마음을 부모에게 표현해도 생명의 위협은 없을 것 같은 것을 무의식에서 본능적으로 안다. 이렇게 자신의 소리를 내는 것은 건강한 것이며, 성장 과정에서 당연하고 꼭 필요하다. 이것이 없다면 오히려 문제다. 그런데 자녀가 사춘기에 들어서면서 이러한 반응을 보이면 화들짝 놀라는 부모가 대부분이다.

"얘가 왜 이래?"
"갑자기 다른 사람이 됐어요. 초등학교 땐 안 그랬는데."
"말도 안 하고, 걱정이에요."
"사사건건 짜증만 내요."

그러나 아이는 이러한 반응을 통해 주변을 다시 정리하는 것이다. 부모, 친구, 선생님 등 주변 사람들과의 관계를 다시 정립하려고 시도한다. 이럴 때 그동안 힘에서 훨씬 우위를 지키고 있던 부모가 '힘의 균형'이 깨지는 것을 두려워하여 계속 누르려고 하면 큰 문제가 생긴다. 특히 아버지의 역할이 대단히 중요하다.

아이들도 내면의 상처를 털어 버릴 수 있는 좋은 기회
발달단계를 고려해 볼 때 특히 이 시기에는 아이가 마음껏 자신의 마음을 표현할 수 있도록 부모/교사가 도와주어야 한다. 경청하고 공감해 주는 것이 가장 중요하다. 잔소리만 하면 관계가 나빠진다. 엄마의 태중에서부터 지금까지 받았던 내면의 상처가 다 드러나도록 도와주어 충분히 표현하고 쏟아내게 해야 한다. 부모/교사가 그것을 잘 들어 주고 공감해 주며 지지와 격려를 보내면 치유되고 건강한 내면의 소유자가 된다. 그러나 이 시기마저 억압하거나 과잉보호하면 '내면 아이'는 자라지 못하게 되어 몸의 나이와 균형을 이루지 못한다. 이때 잘 리모델링해야 전혀 새로운 사람이 되어 청년이 되고 어른으로 성장할 수 있다.

30여 년 사춘기 아이들과 함께 살면서, 그 아이들을 볼 때마다 이재무의〈땡감〉이란 시가 얼마나 적절하게 그들의 심리 상태를 표현했는지 감탄하곤 한다. 푸릇푸릇하며 떫고 단단한 땡감의 특성이 마치 사춘기 아이들과 비슷하기 때문이다. 이재무는 이 시에서 '단단함'과 '떫음'을 강조한 것처럼 보인다. 바로 이 '떫은맛'과 '단단함'이 사춘기 아이들을 닮았다. 땡감은 홍시가 되기 전 여름내 떫은맛을 간직한 채 지낸다. 땡감이 긴긴 여름 떫지 않고 홍시처럼 단맛을 낸다면 그 땡감은 홍시가 되지 못했을 것이다. 벌레의 먹이가 되어 버리거나 금방 썩어서 떨어졌을 것이다. 사춘기 아이들의 강한 '떫음'은 달콤한 홍시, 즉 균형 잡히고 건강한 성인이 되기 위해 꼭 필요한 조건이다. 그 '떫음'은 사춘기 아이들의 뇌가 리모델링하는 과정에서 나오는 맛이다. 그들은 호르몬이 변화하며 급작스레 이루어지는 신체발달로 혼란스런 시기를 지나고 있기에 부모나 어른들의 어떤 말도 귀에 들어오지 않는 듯이 단단하게 마음을 걸어 잠그기도 한다. 많은 부모가 사춘기 자녀와 이야기를 하다 그들의 단단하고 떫은맛에 한숨을 쉬어 본 경험이 있을 것이다.

그렇다고 이 '떫음'에 부정적인 것만 들어 있는 것은 아니다. 부모를 포함한 기성세대의 낡고 오래돼 딱딱하게 굳어 버린 편견과 고정관념, 아집에 대해 용감하게 거부하는 힘이 있다. 어른들의 불의와 부패와 부정직한 삶과 정의롭지 못하거나 바르지 못한 것에 대한 반항과 분노를 솔직하게 표현한다. 이러한 과정에서 부모의 '내면 아이'도 들춰 낸다. 깨끗하고 평안한 것처럼 보이던 부모의 깊은 내면을 휘저어 그 바닥에 얼마나 많은 것이 쌓여 있는지 수면 위로 떠오르게 하는 힘이 있다. '땡감'은 무서운 것이 없다. 부모의 체면을 생각하거나 앞뒤를 잘 가리지 않는다. 보이는 대로 말하고 행동에 옮긴다. 바로 이러한 땡감의 떫음이 강할수록 여름의 강하고 따가운 땡볕을 잘 이겨 낸다. 그리고 시간이 흘러 '가을 햇살 푸짐한 날에 단맛 그득 품을 수 있다.'

땡감

이재무

여름 땡볕
옳게 이기는 놈일수록
떫다

떫은 놈일수록

가을 햇살 푸짐한 날에

단맛 그득 품을 수 있다

떫은 놈일수록

벌레에 강하다

비바람 이길 수 있다.

덜 떫은 놈일수록

홍시로 가지 못한다

아, 둘러보아도 둘러보아도

이 여름 땡볕 세월에

땡감처럼 단단한 놈들은 없다

떫은 놈들이 없다

　어른들은 대부분 말랑말랑하고 달콤한 홍시를 좋아한다. 그러나 단단하고 떫은 땡감이 홍시가 되기 위해서는 칠흑 같은 긴 밤찬 서리를 맞아야 하고, 따가운 햇볕, 까치와 벌레의 공격, 세찬 비바람을 이겨야 비로소 달콤하고 말랑말랑한 홍시가 된다는 사실을 간과한다. 부모는 자녀가 하루아침에 뚝딱 홍시가 되어 있기를 기대한다. 기다려 주지 못한다. 너무나 고통스러운 시간이 될 수 있기 때문이다. 침울해하고 말을 잘하지 않는 자녀, 소리 지르며 대드는 아이, 가족과 함께 있기를 싫어하는 딸, 말을 버릇없이 막 하는 아들, 사사건건 불만을 터트리는 자녀…. 종잡을 수 없이 극과 극을 달리는 감정의 변화를 보고 있는 부모는 고통의 긴 터널을 지나는 것 같을 것이다. 그러나 그러한 자녀의 반응이 부모 때문만은 아니라는 사실을 기억해야 한다. 부모 내면의 상처와 자라지 못한 '내면 아이'를 들춰 내기도 하지만 땡감이니까 그럴 수도 있다고 생각해야 한다. 이때 부모는 자신의 내면을 성찰하고 치유하는 기회로 삼아야 한다. 부모의 내면이 치유되어 건강해지면 '땡감'을 땡감으로 볼 수 있는 여유와 힘이 생긴다. 떫은 땡감을 볼 때마다 불편하고 뒤집어지던 마음이 훨씬 줄어든다.

이성적으로 생각하고 판단할 수 있는 힘이 생긴다. 또한 땡감이 홍시가 되도록 기다려 주는 지혜가 필요하다. 세찬 비바람과 싸우는 자녀가 안타까워서 자녀를 대신해 비바람을 맞아 주려고 한다거나, 까치의 공격이나 벌레와의 싸움을 대신해 주겠다는 생각은 위험하다. 요즘, 학교 폭력과 관련해 교사의 중재하에 아이들끼리 해결할 수 있는 가벼운 사안임에도 부모가 개입해 변호사까지 동원하고 큰 문제로 만드는 경우도 많다. 이렇게 지나친 부모의 관여나 개입은 자녀의 성장에 해가 된다. 땡감이 홍시가 되는 일을 방해한다. 인내하며 기다려 주면서 존중하고 인정하며, 수용하고 공감해 주는 것이 필요하다. 경청 또한 중요하다. 부모와 교사가 경청해 주는 것만으로도 내면의 아픔을 털어 버리고 잘 성장한 사례는 넘쳐 난다.

자녀를 아프게 하는 부모의 '내면 아이'

모든 부모에게는 성장 과정에서 자신의 부모나 여러 환경으로부터 영향을 받아 만들어진 상처 받은 '내면 아이'가 있다. 이러한 부모의 '내면 아이'가 잘 치유돼 결혼을 하고 자녀를 양육하면 문제가 없는데, 치유되지 않은 부모의 '내면 아이'는 자녀와 갈등을 일으킨다.

부모는 자녀의 감정과 내면의 아픔을 보면 그것에 공감해 주고 수용할 수 있는 마음을 가지고 있어야 한다. 그런데 부모에게 성장하지 못한 상처 받은 '내면 아이'가 있을 경우 부모로서 가장 기본적인 자녀에 대한 따뜻한 사랑이나 양육에 대한 의무가 어려워진다. 부모 속에 있는 '내면 아이'가 작동하면 40대 부모가 10대 자녀를 양육하고 훈계하는 것이 아니라 부모 속의 '내면 아이'와 사춘기 자녀 간 싸움으로 확장하는 것이다.

부모-자녀 간 갈등이 유치한 어린아이의 싸움처럼 보이는 이유도 여기에 있다. 따라서 부모의 내면이 잘 치유돼야 하고, 현재 자신의 나이에 맞는 정서적 성장을 통해 자녀를 수용할 수 있는 넉넉한 마음이 있어야 부모로서의 준비가 잘된 것이라고 할 수 있다. 부모의 내면이 잘 치유되어 정서적으로 성숙돼야만 사춘기 자녀와 좋은 관계를 유지할 수 있는 힘이 생기는 것이다.

2장

자녀에게 대물림되는 '내면 아이'

1. 칭찬받고 싶어 하는 '내면 아이'

엄마를 만족시킬 수 없는 윤희

이해할 수 없는 사건

집 형편도 넉넉하고 겉으로 보기엔 아무 문제 없는, 부유한 가정에서 자란 매우 총명하고 학교 성적도 뛰어난 윤희(19세)가 자살을 시도했다. 엄마, 아빠는 최선을 다해 윤희를 뒷바라지해 주었고 부족할 것이 없이 키웠는데 이해할 수가 없다고 했다. 그러나 윤희는 삶의 기쁨도 의미도 만족도 느끼지 못했다. 얼굴도 예쁘고 공부도 잘했는데 왠지 자신감이 없었다. 윤희는 자신이 엄마와 아빠를 부끄럽게 하는 딸이라고 생각했다. '나 같은 딸을 둔 엄마가 불쌍하고 부모님에게 항상 미안하다.'는 마음을 떨쳐 버릴 수 없었던 것이다.

윤희 부모님의 자녀 양육 방법

윤희 엄마와 아빠는 작은 회사를 운영하며 함께 일한다. 윤희 부모는 경제적으로 안정되고 아파트를 마련하기 전까지는 아이를 낳지 않기로 신혼 때부터 약속을 했다. 10년 정도 부부가 열심히 노력해서 집을 마련하고 경제적으로 안정이 되었을 때 비로소 아이를 낳았다. 윤희 부모는 늦은 나이에 낳은 아이였기에 잘 키워 보겠다고 결심했다. 먹이는 것은 물론 입히는 것, 목욕시키는 것까지 꼼꼼하게 계획을 세워 실천했다. 윤희 부모는 자녀가 완벽하기를 바랐다. 윤희는 돌이 되기 전 대소변을 가리는 훈련을 받았다. 윤희가 자라면서 부모는 학원, 말씨, 옷차림, 책 정리, 놀이, 친구, TV 시청, 외모 등 생활의 모든 면을 철저하게 관리하고 엄격한 규칙을 세웠다.

그러나 윤희 부모는 딸에게 엄격한 규칙을 원하면서도 야단을 치거나 폭력을 사용하지는 않았다. 특히 엄마는 끊임없이 이야기하고 설득하며 다른 아이들보다 좀 더 잘하기를 기대했다. 초등학교 때 그린 그림을 보고는 "색상이 너무 어둡고 이상한 그림이 되었네. 이쪽과 저쪽에 밝은 색을 쓰면 좋은 그림이 될 텐데 좀 더 생각하고 그림을 그리는 게 좋지 않겠니?"라든가 "사랑하는 내 딸 윤희야, 너와 함께 다니는 현진이는 착하긴 한데 옷이 더럽고 말이 좀 거칠던데 넌 그것도 몰랐니? 대호는 공부도 잘하고 깔끔한 아이 같던데, 대호가 너의 친구가 되면 좋겠다." 또는 "윤희야, 네가 지금 입은 옷은 엄마하고 함께 나가기엔 어울리지 않는 것 같지 않니? 좀 점잖은 옷으로 입었으면 좋겠다. 이 원피스로 갈아입고 나가지 않겠니?" 하는 식이었다. 따뜻한 칭찬은 한 번도 없었다. 엄마는 최대한 고상하게 말하려고 노력했지만, 윤희가 느끼는 건 엄마 마음속에 딸에 대한 불만이 가득하고 자신이 너무 형편없는 아이라고 말하는 것으로 받아들였다.

윤희는 엄마에게 인정받고 싶어 최선의 노력을 다했지만 크면서 자신은 결코 엄마의 욕구를 만족시킬 수 없다는 것을 알게 되었다. 엄마가 기대하는 것만큼 해낼 자신이 없었다. 공부, 그림 그리기, 옷 입는 것, 친구 사귀는 것 등등, 모든 면에서 자신은 형편없고 무능한 아이라고 생각하게 되었다.

엄마의 기준에 도달할 수 없다는 것을 깨닫고 나서는 가슴이 답답하고 그런 자신에 대해 죄의식마저 느끼게 되었다. 그리고 절망적이고 자기 비하가 심각해지면서 차라리 죽어 버리는 게 낫겠다는 생각을 하게 된 것이다.

최상위권 성적에서 최하위로 떨어진 성호

당신이 좋아하는 건 안 할 거야!

○○고등학교 2학년 성호(17세)는 2학년 중간고사에서 전교 470명 중 465등을 했다. 놀라운 것은 1학년 때까지만 해도 학급에서 2, 3등을 했고, 전교에서도 항상 30등 안에 들 만큼 공부도 잘하고 착한 학생이었다는 것이다.

그러던 아들이 어느 날부터 엄마에게 대들며 "당신이 좋아하는 건 안 할 거야!"라고 소리를 지르기 시작했다. 학원도 안 가고 집에 오면 컴퓨터 게임만 하고, 아침 늦게 일어나 엄마의 속을 태울 대로 태우다 억지로 학교에 가는 아이가 됐다. 그러다가 2학년으로 올라가서 치른 첫 시험인 중간고사에서 최하위권 성적이 나온 것이다.

그 일을 겪고 사색이 되어(곧 쓰러질 것 같은 표정이었다) 찾아온 엄마의 이야기를 들어 봤다.

성호는 중학교 때도 공부를 아주 잘하는 편이었다. 학교와 학원만 오가는 착한 아들이었다. 부모님께 함부로 말을 하거나 버릇없이 대들지도 않았다. 시험 기간이 다가오면 학교에서 돌아오자마자 학원으로 가서 밤 10시가 넘어서 돌아왔는데, 그때마다 엄마는 간식으로 과일을 챙겨 주며,

"아들아! 이번엔 전교 1등 한 번 해 보자!"

"조금만 더하면 1등 할 수 있을 거야!"

하고 응원을 했다. 그러면 조용히 자기 방에 들어가 밤 12시가 넘도록 열심히 시험공부를 해서 보는 것만으로도 마음을 뿌듯하게 해 주었던 아들이었다. 그렇게 용기를 주며 응원하고 최선을 다해 뒷바라지를 해서 비평준화 지역에서는 공부를 잘하는 아이들만 갈 수 있다는, 입시 명문이라 소문난 ○○고등학교에 입학하게 되었다.

성호의 속마음

성호를 만나보았다. 왜 엄마에게 화가 났는지 물어 봤다. 대답은 간단했다. 성적에 대한 엄마의 욕심이 끝이 없기 때문이라고. 중학교 때도 가슴이 답답하기는 했지만 꾹 참고 공부했다. 그래서 부모님이 원하는 고등학교에 입학해 주었다. 그런데 고등학

교에서는 그 욕심을 다 채워 주려면 자기가 죽을 것 같았다. 중학교 때 공부를 잘하던 아이들이 많이 진학한 ○○고등학교에서는 전교 1등이 거의 불가능할 것 같아 많이 힘들었지만 누구에게 말할 수도 없고, 시험 기간이 다가오면 심장이 두근거리고 가슴이 답답해졌다. 전교 30등도 정말 최선을 다해 유지한 것이다. 그래서 축구 동아리에 들어가 스트레스를 풀면서 공부하려고 했다.

그런데 2학년 1학기 중간고사 시험이 다가오던 어느 날, '그 인간'(엄마)이 다른 애들 엄마 다섯 명과 함께 교장실에 쳐들어가 거세게 항의를 했다.

"이 학교가 체육 고등학교예요! 왜 이렇게 스포츠 동아리가 많아요! 빨리 없애 주세요!"

그 일이 있고 나서 어느 날 축구 동아리 친구들이 "너네 엄마가 교장 찾아가 지랄 떨어서 우리 축구, 농구 동아리 같은 거 다 없어질 수도 있다."라는 이야기를 했다. 이런 이야기를 여러 명의 친구들에게 들으면서 화가 많이 났다. 그날도 방과 후에 축구 동아리 친구들과 공을 차고 있었는데 '그 인간'이 학교에 왔다. 동아리 친구들이 다 보는데 "학원 갈 시간 되었으니 축구 그만해라. 그놈의 축구 때문에…. 축구가 대학 보내 주니? 그만하고 빨리 학원 가라니까!"라고 잔소리를 해대 너무 화가 났다. 자신도 모르게 "당신이 좋아하는 공부! 난 안 할 거야! 당신이 좋아하는 건 이제부터 절대로 안 해!"라고 소리를 질렀다.

그 후 '그 인간'하고는 말도 안 하고 집에 가면 게임만 했다. 그리고 중간고사에서는 일부러 틀리는 답만 골라서 찍었다. 성적이 잘 나오면 그 인간이 좋아할 것 같아서!

지금까지 엄마에게 크게 야단맞은 적은 없었다. '범생' 노릇을 했기 때문이다. 크게 야단맞은 적도 없지만 그렇다고 칭찬을 받아 본 적도 없었다. 항상 전교 1등, 전교 1등, 전교 1등… 소리만 들었다. 명절 때 친척들이 많이 모인 자리에서도, 동네 아줌마들에게도 "우리 성호는 ○○고에서 전교 1등 할 거야!"라고 자랑을 해대서 너무너무 부담스럽고 가슴이 답답하다고 했다.

칭찬받고 싶은 '내면 아이'(완벽주의)의 일반적 성향

완벽주의는 일반적으로 정리 정돈이 되어 있지 않으면 마음이 불편하여 견디기 어렵다던지, 시간을 철저히 지키려고 노력하는 등 지나치게 꼼꼼하고 철저한 행동을 보인다. 이러한 성향의 사람은 자기 자신뿐 아니라 주변 사람에 대한 기대 기준이 높기 때문에 실수를 허용하지 않는다. 완벽하게 해내지 못하고 실수를 했을 경우 실패했다고 생각하고 좌절에 빠지기도 하고 스스로를 심하게 비판한다. 끊임없이 자신의 결점만을 들춰 내며 스스로를 책망한다. 이처럼 완벽주의적인 성향은 질서가 없거나 어지럽힘, 불결함을 견디기 어려워하는 것뿐 아니라 다른 사람의 평가나 실패에 대한 두려움이 크다. 이것이 강박적 행동으로 나타나기도 한다. 따라서 스스로 만족하기 위해서는 끊임없이 노력하여 무엇인가를 더 이루어 내야 한다고 생각한다. 완벽주의 성향의 부모는 자녀에게도 이와 비슷한 잣대를 가지고 평가하기 때문에 자녀의 처지에서는 강한 압력이나 횡포에 가깝게 받아들인다.

대학 입시와 완벽주의

완벽주의적 성향의 부모는 대한민국의 대학 입시 제도처럼 무한 경쟁을 뚫어야 하는 환경에서는 자녀의 성적이 아주 뛰어나도록 밀어붙이며 자녀를 힘들게 하는 경우가 많다. 그런데 입시 위주의 교육이 당연하게 받아들여지는 사회에서는 청소년 시기에 도저히 감당할 수 없을 만큼 지나치게 공부에만 매달리도록 부추기는 비교육적인 어른들의 태도를 정상적인 것처럼 포장해 준다.

부모가 원하는 대학에 입학해야 하고, 성공하기 위해서는 청소년기든 뭐든 공부하는 기계가 되어야 한다고 부추기며 학대하는 수준에 이르게 된다. 우리 사회에서는 어른들의 이런 욕심은 묵과한 채 완벽주의적인 노력을 칭찬하는 문화가 견고히 자리 잡고 있다. 사회 분위기가 이러다 보니 부모의 기대에 미치지 못한 학교 성적을 보이는 자녀들의 중압감과 수치심은 어른들이 상상하기 어려울 정도로 심각하다. 어린 시절부터 지나치게 밀어붙인 부모의 성적 지상주의는 아이들이 감당할 수 있는 한계를 넘어선

다. 극단적인 행동을 하는 청소년들이 늘어나는 이유도 여기에 있다.

이러한 압박감과 공부를 못한다는 수치심에 계속 노출된 청소년들에게는 두 가지 반응이 나타난다. 첫째는 학교에서 폭력적인 모습을 보인다. 심리적인 압박과 고통을 밖으로 표출하는 데 그치지 않고, 그 고통과 분노의 화살을 외부로 돌리는 것이다. 두 번째 반응은 좌절과 수치심에서 시작한 마음의 고통을 자기 자신이 못나서 그렇다고 생각하며 자신의 탓으로 돌린다. 시간이 지날수록 점점 더 자신을 미워하게 되고 부모나 주변 사람들로부터 더 이상 상처 받지 않기 위해서 커다란 담장을 쌓고 숨어 버린다. 이렇게 심하게 위축되며 스스로를 고립시키는 것이다. 이처럼 거대한 성벽을 쌓고 숨어 버리면 사람들과의 관계가 끊기고 정상적인 사회활동을 할 수 없게 된다.

완벽주의와 외모에 대한 집착

쉬는 시간마다 복도에 있는 대형 거울 앞에 모여서 머리를 만지고 자신의 몸매를 이리저리 돌아보며 외모에 신경을 쓰는 여자아이들이 많다. 화장을 하지 않아도, 염색이나 파마를 하지 않아도, 쌍꺼풀 수술을 하지 않아도 있는 그대로 참 예쁘고 청순한 시기인데 부모나 선생님들과 싸워 가며 피부에 좋지 않다는 색조 화장을 하고 외모 가꾸기에 집착한다. 여기에는 TV, 신문, 잡지, 길거리 광고, 인터넷 포털 등 그들의 눈길이 가는 곳마다 엄청나게 쏟아지는 매스컴의 영향도 물론 한몫한다.

여자아이들 뿐만 아니라 많은 성인 여성들이 외모에 지나치게 집착한다. 조금이라도 더 예뻐 보이려고 엄청난 시간과 노력을 들인다. 권투 선수들이 체중 감량을 위해 하는 피나는 훈련 수준의 다이어트 프로그램도 마다하지 않으며, 성형 수술이나 식이요법, 운동 등에 처절하게 매달린다. 그러나 많은 여성은 그러한 노력에도 자신의 모습에 만족하지 못한다. 거울을 보면 여전히 고쳐야 할 곳이 너무나 많이 보이고, 끊임없이 노력하지만 그 끝이 보이지 않는 것 같다.

외모에 지나치게 집착하는 것은 여자아이들만의 문제가 아니다. 요즘은 외모에 신경을 많이 쓰는 남자아이들이 늘어나고 있다. 눈에 띄는 결점이 없이 평범하며 귀엽게 생긴 아이가 눈 크기, 머리 스타일, 키, 코의 모양, 뱃살 등을 가지고 불평한다.

보라는 매일 아침 등교를 준비하며 엄마와 싸운다. 거울 앞에 서 있는 시간이 너무 길어서이다. 엄마는 지각할 것 같아서 빨리 가라고 하는데 보라는 한 시간 이상 거울 앞에서 머리를 빗고 옷매무새를 단장한다. 그러다가 머리 모양이 마음에 들지 않으면 교복을 벗고 다시 머리에 물에 적신 다음 처음부터 다시 시작한다. 그러다 보니 학교에 지각하는 일이 다반사다.

아침마다 교문에서 등교 맞이를 하며 아이들의 용모를 보면, 지각을 겨우 모면하는 아이들 가운데 진짜 늦잠으로 인해 허겁지겁 대충 입고 뛰어오는 아이는 많지 않다. 대부분 머리와 옷, 신발에 지나치게 신경을 많이 쓴 듯한 그들의 외모에서 미루어 짐작할 수 있는 것이다. 이 아이들은 유리창, 반사되는 스테인리스, 주차장에 세워진 자동차 백미러 등 자기의 모습이 비춰지는 물건 앞을 그냥 지나치지 않는다. 그 좁은 틈에 있는 반사경에 커다란 체구를 우스꽝스러운 모습으로 비추어 보고 또 몇 번이나 비추어 보며 지나간다.

더 예뻐 보이고 더 멋있게 보이려는 노력이 나쁘다는 의미가 아니다. 사람은 외모뿐 아니라 모든 면에서 좀 더 나아지려고 노력한다. 그러한 노력에도 자신의 생각대로 잘되지 않으면 괴로워한다. 이것은 당연하고 자연스러운 일이며, 개인의 발전을 위해 필요한 과정이다. 하지만 자기 자신을 지나치게 몰아붙인다거나, 다른 사람과 비교하며 조금이라도 부족한 점이 보이면 스스로를 비난하고 책망하는 정도가 심하고, 자존감이 너무 낮아 자신을 무가치한 사람이라 생각하고, 자신이 한 행동이나 외모에 대해 항상 불만을 가지고 받아들이지 못하여 만족하지 못하는 게 문제다. 그런데 이처럼 끊임없이 스스로를 책망하고 만족하지 못하며 장점보다 단점에 더 신경을 쓰는 문제가 완벽주의 성향을 너무나 닮았다.

완벽주의 성향을 가진 부모의 양육 태도

완벽주의 성향의 부모는 아직 어린 자녀에게도 수행하기 어려운 과제를 완벽하게 해내도록 요구하는 등 기대 기준이 높다. 기준이 높기 때문에 자녀를 칭찬하거나 인정해 주는 것에 매우 인색하고 칭찬을 유보한다. 또한 자녀를 다른 집 아이와 비교하고, 자녀의 실수를 용납하지 않으며, 실수를 하면 비판하고 비난한다. '더 많이', '더 잘하면', '더 깨끗하면', '더 노력하면'이라는 언어를 많이 사용한다. 이러한 부모에게서 양육되는 아이는 부모에게서 칭찬과 인정, 지지와 격려를 받는 대신 비난과 책망만을 듣고 자라게 된다. 이러한 아이들은 자존감이 매우 낮고, 자신을 무가치한 사람이라고 생각하며, 어떤 일을 하려고 할 때마다 비난에 대한 불안감에 싸여 자신감 없이 마음속으로 두려움에 떨게 되며, 그것이 표정으로도 나타나게 된다. 이런 상태로 성인이 되면 그 사람의 내면에는 '어린 시절의 부모'가 그 모습 그대로 남아 마음을 지배하게 된다. 이것을 완벽주의 성향을 가진 '내면 부모(inner parent)'라고 말하겠다. 그리고 어느 순간 내면 부모가 활성화되면, 스스로 그런 완벽주의적인 태도를 가지게 되어 자신을 비난하고 책망한다. '그럴 줄 알았어!' 등, 자신에게 칭찬도 인정도 하지 않으며, 자녀/부모의 경우는 물론이고 교사/학생 경우에도 지나친 것을 요구하면서 갈등을 유발한다. 이런 부모에게서 성장한 자녀들이 호소하는 어려운 문제들은 다음과 같다.

- 칭찬과 인정에 대한 욕구가 강하며 인정받기 위해 애쓰고 노력한다.
- 의존적이며 남의 눈치를 보는 경향이 있다.
- 자기의 의사를 잘 표현하지 못한다.
- 상대방으로부터 인정받지 못할까 봐 "아니요."를 못한다.
- 승진, 출세, 사업 등 성공과 성취에 집착하며 총력 질주한다.
- 일중독이 될 가능성이 있으며 가정보다 일을 더 중요하게 생각한다.
- 쉴 줄 모르고, 일을 하고 있지 않으면 불안해하며 스스로를 비생산적이라고 생각한다.
- 휴가를 가면서도 일거리를 가지고 가며, 지치고 탈진할 때까지 일을 한다.
- 자존감과 자신감이 낮으며 타인의 평가에 의해 자신에게 점수를 준다.
- 실수에 대한 두려움이 매우 크다. 꿈으로 꾸거나 긴장하고, 심장 두근거림, 불면증 등을 호소한다.
- 자기가 성취한 것을 과소평가하는 경향이 있다.
- '더' 콤플렉스를 가진다.
- 삶에 대한 만족과 기쁨이 없으며 내적으로 텅 빈 느낌과 공허함, 비애감이 있다.
- 혼자 일하는 것을 편안해한다.

2. 억압하는 '내면 아이'

자신을 억압하는 진수

컴퓨터 게임에 빠진 아이

진수는 학교에 갔다가 집에 오면 하루 종일 컴퓨터 게임만 한다. 그 모습을 지켜보던 아버지가 참다 못해 아들을 심하게 야단친다. 그러면 진수는 심하게 반항한다. 중학교 2학년 아들과 아버지의 싸움이 된다. 진수는 아빠에게 "당신이 내 아버지야? 보기 싫어!"라고 소리 지르며 대든다. 엄마가 말려 보지만 화가 많이 난 아버지와 아들의 싸움은 더 격렬해진다. 거침없이 독설을 내뱉고 아들이 집을 뛰쳐나간다. 엄마가 간곡히 매달려 보지만 소용이 없다. 아버지는 이 모든 싸움의 시작이 컴퓨터 게임이라고 말 한다. 집에 오면 컴퓨터 게임만 하고, 못하게 말리는 부모에게 점점 난폭하게 대들게 됐다고 한다.

진우는 초등학교 때는 안 그랬는데 중학교에 올라간 뒤 조금씩 부모에게 대들기 시작했다. 그런데 어느 날부터 컴퓨터 게임에 빠지더니 학교를 그만두고 프로 게이머가 되겠다고 했고, 이를 야단치는 아버지와 계속 갈등을 빚었다. 엄마는 아들이 집을 나가 있는 시간보다 집에 들어와 아버지와 부닥치는 게 더 두렵다. 이제 엄마가 아들에게 간절히 바라는 것은, 성적은 아무래도 상관없으니 그저 학교만이라도 다녀 줬으면 하는 마음뿐이다.

진수의 어린 시절

진수 아버지는 어린 아들의 행동을 심하게 통제하고 감독했다. 진수가 아기 때부터 초등학교 저학년 때까지 가장 많이 들은 말은 "그렇게 하지 말라고 그랬지!"였다. 초등학교 4학년 때부터는 친구들보다 키가 많이 큰 진수가 동네 불량배 형이나 나쁜 친구들과 어울려 놀까 봐 심하게 감시했다. 그 이후로도 혼자 자기 방에 있을 때 문을 확 열어 젖히며 "왜 문을 닫고 있어! 문 열어 놔!"라고 야단을 쳤다. 초등학교 6학년이 되자 귀가 시간과 컴퓨터 사용 시간을 더 엄격하게 통제하며 꾸짖었다. 오후 5시가 넘어 집에 들어온 것을 알게 되면 심하게 야단을 했다. 추운 날 아파트 베란다에서 30분 서 있다 들어와야 하는 날도 있었다. 아버지가 술을 마시고 들어오는 날은 엄마와 아들이 함께 더 심하게 잔소리를 들어야 했다. 어떤 날은 문자 메시지를 검사하거나 숙제를 확인하고 야단을 치기도 했다.

진수는 아버지와 함께 있는 집이 교도소같이 느껴졌고 상자 속에 갇혀 있는 느낌이라고 했다. 그래서 어떤 때는 '아버지가 없어졌으면…', '나중에 두고 보자!'라는 생각을 하기도 했다. 그런 생각을 하고 난 후에는 '그건 나쁜 생각'이라고 스스로에게 말하며 '나는 나쁜 아이다!'라고 자책했다.

무기력한 다연이

"몰라요, 졸려요. 다 귀찮아요. 그냥 잠만 자고 싶어요"

다연이는 학교에 오자마자 책상에 엎드린다. 아무리 자도 또 잠이 온다. 선생님들도 다연이를 깨우다가 이제는 지쳤다. 처음에는 야단도 쳐 보고 교무실에 데리고 와서 상담도 해 보았다. 그때마다 다연이의 대답은 똑같았다. "몰라요. 졸려요. 다 귀찮아요. 그냥 잠만 자고 싶어요." 어쩌다 고개를 들고 수업에 참여하는 것이 오히려 이상한 일이 되어 버렸는지, 어떤 아이는 "선생님! 다연이가 일어났어요!"라로 신기한 듯 큰 소리로 말하기도 한다.

상담을 위해 다연이 부모님을 학교로 불렀다. 아빠는 회사 일로 바빠서 못 오고 엄마만 무표정한 딸 다연이를 데리고 근심 어린 표정으로 교무실로 들어섰다. 다연이 엄마는 딸아이가 못마땅하면서도 걱정이 많이 되는 듯 상담실로 자리를 옮기는 중에도 계속 말을 이어 간다.

"그렇지 않아도 선생님을 찾아뵈려고 했어요. 초등학교 때까지는 공부도 잘하고 명랑하고 엄마 말에 고분고분 잘 따르던 아이가 왜 이렇게 되었는지 모르겠어요." 다연 엄마의 눈에 벌써 눈물이 고여 있었다. 상담실에 도착해 자리에 앉자 다연이 엄마는 딸아이의 문제점을 정리해 온 종이를 펼치며 교사가 묻기도 전에 설명을 시작했다. 하루 종일 다연이의 문제 행동만을 관찰하며 열심히 찾아낸 것 같았다. 화가 난 표정으로 딸아이의 문제를 열심히 설명하는 엄마를 옆에서 지켜 보던 다연이가 복잡한 마음을 눈빛에 담아 한 번 쳐다보며 한숨을 짓더니 다시 초점 없이 책상으로 눈을 돌린다.

엄마의 긴 이야기가 잠시 멈춘 틈에 다연이에게 지금의 마음을 물었다. 그러나 다연이는 대답 없이 고개만 떨구고 있다. 아이가 말을 하지 않자 답답해진 엄마가 바로 나서서 말을 한다. "항상 이런 식이라니까요? 이렇게 멍청해졌어요. 속이 터져요!"

다연이 엄마를 학부모들이 이용하는 전용 교실인 상주실로 보냈다. 그곳에서 상담 자원봉사를 하는 부모님에게 이야기를 해 놓았으니 그분과 딸에 대한 상담을 하시라고 다른 곳으로 보내고 다연이와 이야기를 시작했다.

어린 시절 무의식적으로 획득한 것

"아까 엄마가 한 말이 다 사실이면, 엄마는 너의 모든 사소한 일에까지 관여하고 끊임없이 지적하고 잔소리를 하는 것 같은데…. 넌 아까 선생님이 엄마에게 반박할 기회를 주었는데 아무 말도 않고, 화를 내거나 짜증도 내지 않고 그냥 가만히 있기만 하던데."

그 말에 다연이가 상담실에 들어와서 처음으로 내 눈을 보았다. 나는 다연이의 마음이 이해된다는 말을 했다. 그리고 그동안 학교에서 쌓았던 신뢰를 바탕으로 편안하게 말을 할 수 있는 분위기를 만들어 주자 엄마와 함께 있을 때와는 자세가 완전히 달라진 다연이가 이야기를 시작했다.

"처음에는 화도 내 보고 울면서 대들기도 해 봤어요. 그러면 엄마는 더 화를 내고 더 시끄러워져요. 아빠까지 데리고 와요. 덤벼든다고. 당신이 어떻게 해 보라고. 그러고 나면 더 신경질을 많이 내고 더 간섭하고 별것 아닌데 더 소리를 질러요."

다연이는 이렇게 대응하지 않고 다 포기하고 가만히 늘어져 있으면 엄마도 지쳐서, 어쩔 수 없이 더 이상 간섭하거나 잔소리를 하지 않게 된다는 것을 무의식적으로 터득한 것 같았다. 처음에는 엄마가 집요하게 다그쳤지만 이제는 효과가 있다는 것이다. 그리고 이젠 엄마가 화를 내고 소리를 지르는 것에도 무감각해졌다고 말했다.

"집에서는 엄마 때문에 그렇다지만 학교에서는 엄마가 보고 있는 것도 아닌데 왜 그렇게 엎드려만 있어?"

"국·영·수 과목에서 성적이 조금이라도 나오면 엄마는 또 잔소리를 시작해요. 더 잘하라고, 더! 더! 더! 좀 더 노력하면 더 잘할 수 있다고…. 끝이 없을 거예요."

"엄마가 너를 포기하기를 기다리는 거구나!"

"그 방법밖에 없어요."

다연이는 그동안 힘들었던 이야기를 털어놓았다.

엄마는 항상 자신을 감시하고 있는 것 같다고 했다. 그러다가 맘에 들지 않으면 즉시 지적하고 야단을 친다는 것이다. 방에 들어가 있으면 뭐 하고 있느냐고 들어오고, 들어와서는 맨날 컴퓨터만 하고 있다고 야단치고, 방구석이 이게 뭐냐고 잔소리하고. "왜 간섭하냐?"고 하면 말대꾸한다고 야단친다. 말을 안 하면 벙어리냐고, 왜 말을 안 하느냐고 야단치고, 재미있는 TV 프로그램을 보고 웃고 있으면 쓸데없는 것 보지 말고 들어가서 공부나 하라고 야단친다는 것이다.

초등학교 때까지는 참았는데, 중학교 들어와서 어느 날 엄마에게 대들다가 많이 혼나고 너무 억울해서 울다가 갑자기 죽어 버리고 싶다는 생각을 했다. 그날 이후 아무것도 하기 싫어졌다는 것이다.

엄마의 뜻대로만 해야 하는 소영이

자기 의사 표현이 힘든 소영이

소영이는 어린 시절부터 엄마의 억압적인 양육에 길들여져 자기의 의사를 잘 표현하지 못하는 아이다. 소영이 엄마는 매사를 철저하게 계획하고, 규칙적이며, 정리 정돈을 잘해야 된다고 생각하는 사람이다. 즉흥적인 행동이나 감정에 치우치는 행동을 참지 못하고 자녀에게도 철저함을 강요한다.

예를 들면, 마트에 갈 일이 있으면 엄마는 미리 구매할 물품을 꼼꼼하게 적어서 가지고 간다. 간혹 함께 간 가족 중 누군가 사고 싶은 물건을 가지고 와서 카트에 담으면 "이건 계획에 없었던 거니까 다음에 사도록 해."라고 하며 그 물건을 도로 갖다 놓게 했다.

한 번도 자신의 일을 마음대로 결정할 수 없었던 소영이는 중학교 입학도 자신이 지원한 것이 아니라 엄마의 결정에 순종만 했다고 한다. 엄마가 보내고 싶은 중학교는 지방에 있었다. 그 학교 학생들 대부분은 인근에 있는 초등학교 출신이었다. 소영이를 포함한 몇 명만 서울과 경기도에서 온 학생들이었다. 서울에서 온 친구가 한 명도 없었기에 소극적이었던 소영이는 기숙사 생활에 적응하는 것도 어려웠고, 새로운 친구들과 사귀는 것도 어려웠다. 다른 친구들처럼 자신의 생일에 친구들을 집으로 초대하여 친해지고 싶었지만 거리가 멀어서 그것도 불가능했다. 상황이 그렇다 보니 교우 관계에 어려움을 겪게 되고 학교생활이 점점 고통스러운 일이 되었다.

소영이는 집 근처 학교로 전학을 보내 달라고 부모님께 말씀드렸다. 그러나 몇 개월 다녔으니 적응을 해야 하지 않느냐, 한 학기도 다녀 보지 않고 그러냐며 거절을 당했다.

소영이의 어린 시절 기억

소영이는 대여섯살 때 엄마를 따라 시장에 갔다가 뭔가에 정신이 팔려 엄마를 놓치게 되었다. 한참 만에 엄마와 다시 만나게 되었는데, 뜨거운 한여름이었는데 엄마는 어린 소영이를 아파트 밖 땡볕에 세워 두는 벌을 주었다. 소영이는 너무 지치고 힘이 들어 옆집 초인종을 눌러 아주머니에게 자신을 집으로 들어갈 수 있게 해 달라고 도움을 요청했다. 옆집 아주머니가 소영이를 데리고 집 앞에 와서 초인종을 누른 뒤 엄마에게 "아이가 밖에 서 있어서 데리고 왔다."고 하자 엄마는 말없이 집 안으로 들여보내 주었다. 엄마는 집으로 들어온 소영이에게 한마디도 하지 않고 화가 많이 난 표정으로 밥을 차려 주었다고 한다.

이 기억에 대해 소영이는 "내가 잘못한 거지 엄마는 옳았다. 엄마의 교육 방식대로 잘하신 것 같다."고 말했다. 보통의 아이는 "시장에서 엄마를 잃어버려서 얼마나 무서웠는지 몰라요.", "너무 더워서 힘들었어요. 엄마에게 위로받고 싶었는데….", "엄마에게는 감히 집 안으로 들여보내 달라고 말할 수가 없어서 옆집 아주머니에게 도움을 청해서야 집 안으로 들어갈 수 있었는데, 정말 슬픈 일이었어요."라고 표현할 것이다. 그러나 소영이는 중학생이 된 지금도 자신 안에서 일어나는 자연스런 감정들을 스스로 억압하고 있었다. 엄마의 행동은 다 옳고 자신이 다 잘못한 것이다. 그러니 무슨 일이든 엄마의 말을 따라야 한다는 소영이에게는 타인의 지시나 명령에 의문을 제시하거나 저항하지 않고 순종하는 억압받은 내면의 특징이 보였다.

소영이와 같은 아이는 '착한 아이'라고 불릴 수도 있고 부모나 교사가 다루기도 쉽다. 소영이처럼 지시하는 대로 복종하며 따라오는 아이들의 경우 어렸을 때는 성적도 좋고 별다른 문제없이 잘 성장하는 것 같지만, 자신의 일을 스스로 처리해야 하는 나이가 되면 자율적 역량을 발휘하거나 리더십을 발휘하는 데 어려움을 느끼게 된다.

억압적인 부모의 특성과 양육 태도

'억압'은 힘 있는 사람이 힘 없는 사람을 억누르는 것을 말한다. 일반적으로 '강압'은 '억압'보다 강도가 높은 표현이다. 그러나 이 장에서는 억압과 강압의 강도를 구분하지 않고 보통의 억압이라는 말 속에 강압도 포함한 것으로 이해하면 좋겠다.

억압하는 부모는 자녀에게 소리를 지르거나 명령·지시하며 복종을 요구한다. 반대로 억압당하는 아이는 심리적으로 위축되고 속박당하는 느낌을 받게 된다. 이것이 지속적으로 반복되면 스스로 자신의 욕구를 부인하고 표현하지 못하는 욕구가 '내면 아이'의 상태로 쌓이게 된다.

억압하는 부모는 자녀의 감정이나 욕구를 무시하고 존중해 주지 않는 특징이 있다. 자녀의 기분을 살피려 하지도 않고 자녀의 욕구를 들어 주지 않을 때가 많다. 자녀가 아주 어렸을 때부터 "가만히 있지 못해!", "안 돼!"라는 말을 많이 사용하며 양육하였을 것이다. 이처럼 어린 시절부터 지속적으로 욕구의 좌절을 경험하면 외상적 상처와 같은 영향을 미치게 되는데, 프로이드는 이것을 '축적된 외상'이라고 불렀다. 억압하는 부모의 특징으로는 다음과 같은 것이 있다.

- 자녀의 감정이나 욕구를 무시하는 대신 자신의 욕구를 충족시키기 위해 요구가 많아진다. 예를 들면, "이렇게 해! 저렇게 해!", "해!", "하지 마", "돼!", "안 돼!"의 용어를 많이

사용한다.

- 자녀와 융통성 있는 대화를 하지 못하며 단절되기 쉽다.
- 자녀에게 '지시', '경고', '위협'까지도 한다(예: "그렇게 하지 말라고 그랬지!").
- 비언어적인 표현으로 자녀에게 겁을 준다(비언어적 지시나 경고, 위협).
- 자녀의 행동을 철저히 통제하고 감독, 감시한다(예: "왜 문 닫고 있어. 문 열어 놓고 있으면 어떻게 되니?", "누구한테 전화 왔었니?", "누군데?"). 자녀는 늘 감시당하는 느낌을 받게 되며, 더 심해지면 상자 속에 갇혔다는 느낌을 받게 된다.
- 반복적인 잔소리를 많이 한다. 아이는 반복되는 잔소리에 분노만 쌓이게 되어 효과 없는 소모전이 된다.

억압하는 '내면 부모'-억압받은 '내면 아이'

부모의 억압으로부터 벗어나고 싶었으나 여전히 그 옛날 부모님이 나에게 했던 말을 떠올리며 스스로가 자신을 억압하며 지시하고 명령하는 것을 '내면 부모'라고 한다. 억압당한 내면 부모의 특징은 내 안에서 일어나는 지극히 자연스런 감정이나 욕구까지도 '그런 생각을 하면 안 돼!'라고 스스로를 억압한다는 것이다. 더 나아가 자기 자녀에게도 억압적인 태도를 취하게 된다. 옛날 자신의 부모가 했던 것처럼 똑같이 자녀에게 지시하거나 명령하는 식으로 말하며 잔소리를 많이 할 수 있다.

이렇듯 억압적인 태도로 자신을 대하는 사람을 좋아하며 가까이하고 싶은 사람은 없을 것이다. 특히 사춘기 청소년은 이러한 부모의 태도를 극도로 싫어한다. 사춘기 아이는 아직 부모의 억압 뒤에 숨어 있는 자녀에 대한 사랑을 읽어 낼 만한 인격적인 준비가 되어 있지 않기 때문이다. 따라서 아이는 부모의 이러한 태도에 대해 짜증을 내고 대화를 거부한다. 부모가 원래 의도했던 자녀의 행동이나 생각의 변화를 끌어내지 못하고 관계만 나빠지게 되는 것이다. 억압적인 태도와 잔소리로 자녀가 변화되리라는 환상을 깨야 한다. 부모의 억압과 잔소리가 싫어 그 시간을 빨리 모면하기 위해 잠시 순응하는 것처럼 행동할 뿐이다. 그런 상태에서는 마음으로부터의 근원적인 변화를 기대하기가 어렵다. 오히려 반항심만 생기게 되어 교육적 효과는 없고, 서로를 피곤하게 하는 소모전으로 변질된다.

억압하던 부모가 아직도 '내 안에서' 영향력을 행사하는 것을 '내면 부모'라고 한다면, 성장 과정에서 부모의 억압 때문에 내면의 상처를 받은 채 그것을 간직하고 있는 아이를 억압 받은 '내면 아이'라고 구분하고자 한다.

억압받은 '내면 아이'의 가장 큰 특징은 자율성이 없고 타율적이라는 것이다. 언제나 지시를 기다리고 망설임이 많으며 스스로 무엇인가를 결정하는 것을 어려워한다. 이것은 억압적인 부모의 지시와 명령 속에서만 살아왔기 때문에 지시와 명령에 익숙하게 되어 그것이 없으면 오히려 불안하기 때문이다. 성장 과정에서 지속적으로 이러한 억압을 받으면 자기의 생각과 감정을 표현하는 능력이 떨어지고 언어 능력도 현저히 낮아진다. 대중 앞에 서는 것이 어렵고 떨려서 말을 못하기도 한다. 또한 무의식적으로 윗사람이나 상관을 자신의 부모와 동일시하는 경향이 있기 때문에 그들 앞에서 자신의 생각이나 감정을 표현하지 못하고 두려워하거나 위축된다.

억압받은 '내면 아이'의 또 하나의 특징은 삶에 대한 계획은 철저히 잘 세우나 그것이 실천으로 나아가지는 못한다는 것이다. 그동안 성장 과정에서 부모의 요구나 지시에 의해 어떤 일에 대한 계획을 철저하게 무리할 정도로 세워 왔지만 자신의 마음에서 우러나 스스로 한 것이 아니기 때문에 적극적으로 실천을 하지는 못한다. 이것이 반복되면 계획과 실천의 불일치로 인한 계속적인 욕구의 좌절로 만성적인 피로나 무기력감에 시달리기도 한다. 어린 시절부터 부모의 억압적인 강요에 의해 공부를 하거나 일을 하였거나, 자신이 간절히 하고 싶은 것이 있었는데 그것을 못하고 넘어가게 되면 내면의 에너지가 바닥나게 되어 자발적인 추진력이나 열정이 떨어지게 된다. 요즘 중·고등학교 교실에서 수업 시간인데도 엎드려 자거나 깨어 있지만 삶에 의욕이 없이 무기력해 보이는 학생들이 늘어나는 현상도 여기에서 찾을 수 있을 것이다.

이러한 학생들은 엎드려 잠을 자기도 하지만 멍하니 공상을 하고 있을 수도 있다. 공상 속에서는 나를 통제하는 부모가 없기 때문에 부모의 억압과 통제에서 벗어날 수 있는 공상의 세계 속에서 자유를 누린다. 이것이 정신적 기제로 습관화되어 공상 속에서 영웅이 되고, 욕구 불만을 충족하기도 하지만, 공상이 많으면 현실 해결 능력이 떨어진다는 문제도 있다.

무엇인가를 잘 잊어버리는 '망각'을 방어기제로 쓰기도 한다. 억압과 관련된 방어기제는 어린아이 때부터 부모의 억압이나 잔소리에 대해 무의식적으로 사용한 전략일 수도 있다. 또한 어린 시절에는 부모가 무섭고 두려워 그것을 피해 가기 위해서 작은 거짓말을 종종 사용하다 습관이 될 수도 있다. 성인이 돼서도 상대방이 '나를 어떻게 볼까?' 하는 두려움 때문에 거짓말을 하기도 한다. 한 발 더 나아가 술, 마약, 인터넷 중독, 게임 중독 등 건강하지 못한 방법으로 자신의 독자성을 유지하려고도 한다. 특히 청소년들에게 게임이 인기가 많은 이유는 자신이 마음껏 통제할 수 있는 유일한 놀이 중 하나이기 때문이고, 그 속에서 친구들과 연결되는 소속감 그리고 성취감을 만족시켜 주기 때문이다. 인터넷 게임에 몰입하는 청소년들을 상담하면서 알게 된 공통적인 사실은, 아이들 대부분이 그 속에서 자신의 존재감을 만끽한다는 것이다. 그러나 한편으로는 게임을 즐기면서 죄책감을 느끼기도 했다. 그러면서도 부모가 없는 곳에서 억압된 욕구를 충족시킬 수 있고, 반항심 또는 호기심이 많기 때문에 몰래 숨어서 할 때 더욱

쾌감을 느낀다고 말하기도 했다.

부모가 자녀를 지속적으로 억압하고 통제하려고 하면 다음의 세 가지 성격 중 어느 한 가지에 적응하게 된다. 이것은 생각이나 행동의 근원적인 변화가 아니라 부모의 태도에 적응하는 것이라는 사실을 기억해야 한다.

억압받은 '내면 아이'의 세 가지 성향

순응하기

가장 많이 볼 수 있는 성향이다. 부모의 지시나 명령에 의문을 제시하거나 저항하지 않는다. 이것은 순종인 것 같지만 엄밀히 말하면 '복종'이다. 고용주나 윗사람이 시키는 대로 잘 따라서 하나 자율성이나 주도성이 부족하다. 책임감 있는 일이 주어지면 불안해하기도 한다. 어른들에게 '착한 아이'라고 불리기도 한다.

반항하기

부모의 지시나 명령에 반항을 하는 것이다. 심각하게 발전하면 속으로 '두고 보자'라고 벼르기도 한다. 청소년기에는 반항적으로 나타나다가 성인이 되어서는 윗사람에게 복수심, 반항심을 나타내기도 한다. 주변 사람들과 갈등을 잘 일으키고 관계 형성에서 서로를 힘들게 한다.

소극적으로 반항하기(늑장 부리기)

부모의 지시나 명령을 따르기는 하지만 자신의 욕구를 어느 정도 충족시키는 것이다. 늑장 부리기처럼 무의식적으로 반항하는 것이다. 어린 시절 습관처럼 반복하다 보면 성인이 되어서도 나타나는데, 일을 미루고 미루다 어쩔 수 없는 상황까지 간다든지, 늑장을 부리다 일의 효과를 떨어뜨리기도 한다. 수동적인 공격이라고도 할 수 있다. 순응하는 듯하다가 반항하는 양면 전술을 쓰기도 한다.

3. 방치당한 '내면 아이'

잠자는 공주 민지 이야기

손목에 붕대를 감고 등교하는 민지

중학교 3학년인 민지는 손목에 붕대를 하고 등교하는 경우가 많다. 선생님이나 친구들이 물어 보면 넘어져서 다쳤다거나 피부병이라고 대답했다. 수업 시간에는 늘 잠만 자다 집으로 돌아가 별명이 '잠자는 공주'였다.

어느 날 민지가 자진해서 상담을 하고 싶다고 찾아왔는데, 그날도 손목에 붕대를 감고 있어서 조심스럽게 물어 보았다. 민지는 솔직하게 자기 이야기를 털어놓았다. 집에서는 조그만 일에도 화가 나고, 점점 그 기분을 참을 수 없는 경우가 많아지고 있다고 호소했다. 자려고 누우면 가슴이 답답해 잠을 쉽게 이룰 수 없고, 그럴 땐 갑자기 손목에 칼을 대고 싶어지고 그 피를 보면 오히려 마음이 편해진다고 했다. 자신의 행동에 놀라서 눈물을 흘리고, 다음에는 그러지 말아야지 하고 마음을 먹지만 어느덧 아주 작은 일에도 감정 조절이 안 돼 반복적인 자해 행동으로 분노를 표출하고 있음을 알고 이제는 자신이 무섭고 싫어진다고 했다. 그런데 집에서는 아무도 심각하게 생각하지 않는다고 했다.

민지의 어린 시절

민지 엄마는 고등학생 때 민지 아버지를 만나 임신을 하게 되어 어린 나이에 어쩔 수 없이 결혼을 하게 되었다. 그러나 남편이 일을 제대로 하지 않아 생활이 늘 힘들었다. 게다가 늘 술을 먹고 폭력을 행사해 매일 싸움이 잦았다. 결국 부부는 별거를 하게 되어 민지는 외가에, 동생은 친가에 맡기고 가족이 따로 생활하게 되었다. 그러던 중 알코올 중독이었던 아버지는 민지가 유치원 다닐 때 돌아가셨다.

엄마는 노래방 도우미로 일을 해서 민지가 학교에서 집에 돌아갈 시간에는 출근을 한 상태였다. 동생과 밥을 먹고 잠을 잘 때까지 자매만 남게 되어 늘 외롭고 불안한 생활이었다. 엄마가 매일

새벽에 돌아와 오전 내내 잠을 자기에 아침밥은 거의 먹지 못하고 등교를 하고 있었다.

감정이 섬세한 민지는 아빠에 대한 그리움에 명절이면 아빠의 산소에 가 보고 싶었지만, "너희들 때문에 재혼을 못한다."는 엄마한테 미안해서 한 번도 아빠가 보고 싶다는 말을 해 본 적이 없었다. 그러던 중 동생이 초등학교 5학년 때 엄마가 난소암에 걸려 집안이 극도로 우울해졌다.

민지는 어렸을 때부터 자신의 감정을 제대로 표현해 본 적이 없었고, 그런 감정에 대해 들어 주는 사람이 없는 환경에서 자라 사춘기를 맞았다. 우울한 감정이 매우 심한 상태였지만 엄마의 방임과 무관심으로 심리 치료를 받지 못해 자신의 분노를 조절하지 못하고 극단의 방법을 선택하고 있었다.

애정에 굶주린 민서 이야기

친구가 없는 민서

초등학교 5학년 남학생인 민서는 친구가 없다. 어떻게 해야 친구들이 좋아하는지, 어떤 행동을 하면 싫어하는지를 잘 모른다. 반 친구들은 그런 민서가 주변에 오는 것을 꺼려한다. 그래서 평소에는 외톨이로 지내다가 갑자기 옆에 있는 친구들을 괴롭힌다. 특히 여학생들을 수시로 괴롭히며 많이 울리지만 친구들이 느끼는 괴로움과 고통을 전혀 느끼지 못한다. 미안하다는 말도 잘 못한다. 수업 시간에도 집중하지 못하고 엎드려 있거나 지나치게 산만해서 선생님에게 자주 꾸중을 듣는다.

그러나 민서에게 따뜻하게 대하거나 조금이라도 관심을 가져주는 여선생님에게는 잘 대하며 따른다. 특히 영어 전담 선생님을 귀찮을 정도로 따라다니며 지나치게 많은 관심을 보인다.

민서의 어린 시절

민서는 태어나자마자 할머니에게 맡겨졌다. 엄마, 아빠 모두 직장에 다녔기 때문에 할머니가 맡아서 돌보아 주셨는데, 민서가 첫돌이 되기도 전에 할머니가 갑작스럽게 돌아가셨다. 그 후 몇 달간 이 사람 저 사람이 돌보다가 아기를 돌보는 아줌마에게 맡겨졌다. 민서는 따뜻하게 보호를 못 받고 방치됐다. 기어 다닐 때는 작은 방에 가둬 놓고 돌아다니지 못하게 했고, 두세 살 정도부터는 비디오를 틀어 주고 온종일 TV 앞에 앉아서 만화영화를 보게 했다. 그러다 민서가 세 살부터 어린이집에 다니게 되었는데, 엄마와 아빠가 직장에서 이동이 있을 때마다 이사를 해서 어린이집을 옮겨 다녔다. 유치원에 입학해서도 적응할 만하면 유치원 사정으로 폐원을 하는 등 여러 가지 사유로 초등학교에 입학하기도 전 여러 차례 어린이집이나 유치원을 옮겨 다녔다.

이처럼 민서는 태어나면서부터 여러 사람의 손을 거치며 자랐다. 한 사람에게 적응할 만하면 헤어지고 또 새로운 사람에게 적응해야 하는 어려움을 끊임없이 겪은 것이다.

방치당한 '내면 아이'의 특징

아이를 방치하는 부모의 양육 태도는 무관심, 무책임이 특징이다. 자녀를 돌보지 않고 그냥 내버려 두는 것이다. 사랑스런 눈빛으로 바라봐 주고 웃어 주고 안아 주어야 할 어린아이를 혼자 두는 것이다. 걸음마를 배우고 첫 걸음을 떼었을 때는 경배와 찬양의 수준으로 부모가 박수를 치고 축하해 주는 것이 필요한데 이러한 것이 없었다. 또는 오랫동안 자녀를 친척집이나 양육 시설에 떼어 놓는다든지, 직장일 때문에 너무 지쳐 아이에게 관심을 갖지 못하고 혼자 있게 하는 시간이 길어지는 것도 방치에 해당한다.

부모가 방치해 어린 시절부터 자신의 필요와 사랑, 인정받고 싶은 욕구를 채우지 못한 채 자란 아이는 부모가 자신을 사랑스러운 존재로 여긴다는 생각을 갖기가 어렵다. 부모가 안아 주고 쓰다듬어 주고 눈을 맞추고 웃어 주는 등의 경험이 없었기 때문에 사랑받는다는 느낌을 가지지 못하며, 자신은 사랑스런 존재가 아니라고 믿게 되기 때문이다. 한마디로 자녀를 돌봐야 하는 부모의 책임을 다하지 못한 것이다.

아이들이 방치되는 경우

영양가 있는 음식을 챙겨 주지 못하는 음식의 방치, 갖고 싶은 물건이 있으나 갖지 못한 채 방치되는 욕구의 방치, 늘 혼자 있게 버려 두는 보호의 방치, 자녀와의 대화가 거의 없는 대화의 방치, 쓰다듬거나 안아 주는 등의 접촉이 없는 접촉의 방치, 안전한 부모의 보호 속에서 함께 놀아 주어야 할 때 놀아 주지 못하는 놀이의 방치, 자녀의 정서 상태에 관심을 기울여 주지 못하는(예: 달래 주고 위로해 주고 지지해 주는 것) 정서적 방치 등이 있다.

부모가 자녀를 방치하는 이유

요즘 가장 흔한 것은 맞벌이 부부가 서로 시간이 없어 아이를 혼자 있게 하거나, 할머니나 이웃에게 맡기고, 너무 어린 나이에 놀이방에 보낸다. 맞벌이 부부의 경우 부모가 지나친 과로 상태여서 퇴근 후에도 자녀를 돌보기 어려운 경우가 많다. 또는 부모가 병약해 오래 누워 있거나 병원에 입원할 경우에도 아이를 방치하는 경우가 있다. 이밖에도 동생이 태어난 경우 엄마와 가족의 관심을 받지 못해 상대적 박탈감과 함께 더욱 깊은 상처로 자리 잡을 가능성이 있다. 그러나 가장 심각한 방치는 부모의 이혼으로 인해 돌봄으로부터 방치되는 것이다. 어떤 학자는 최소한 초등학교에 다닐 때까지는 이혼을 미루라고 농담처럼 말을 하기도 한다. 방치된 '내면 아이'는 다음과 같은 문제를 호소한다.

- 부모가 방치한 그대로 자신의 욕구나 필요 등을 방치한다.
- 자신을 무시하거나 소홀히 대한다. 예를 들면 자신의 옷은 시장에 가서 아무거나 싼 옷을 대충 골라서 사고, 남편이나 자녀의 옷은 백화점에 가서 고급스런 것을 산다. 이것은 스스로를 가치 있는 존재로 여기지 않고 자신의 욕구나 필요를 충족시킬 힘이 부족하기 때문이다. 아이를 낳으면 부모가 자신을 방치했듯이 자녀를 방치하기도 한다.
- 타인으로부터 관심을 받고 싶어 하나 그 욕구를 억압하고 숨기면서 표현하지 않는다.
- 관심과 돌봄이 가장 필요한 시기에 욕구가 충족되지 않았기 때문에 마음이 항상 허전하고 부족함을 느낀다.
- 외로움에 빠져 있기도 하지만, 그것에서 벗어나고자 일에 깊이 몰두하기도 한다. 따라서 한 가지 일이나 분야에서 성공할 수도 있다.
- 사람들로부터 소외감을 잘 느끼고, 소속감을 느끼지 못한다. 항상 혼자 있는 것 같은, 외톨이가 된 것 같은 느낌을 받는다.
- 마음속에서는 사람들과 친밀감을 형성하고 싶으나 그 방법을 알지 못해 사람들을 만나는 것이 부담스럽고 마음이 불편해 불안해진다. 어려서 부모와의 접촉, 관계를 통해 친밀감이 형성되는데 그 시기를 놓쳤기 때문이다.
- 점잖고 예의를 갖춘 인간관계는 잘하나 친구처럼 가까운

관계를 유지하는 데는 어려움을 느낀다.

- 자신의 삶을 살고는 있지만 생생하게 느끼지 못한다. 그림자처럼 느껴지거나, 생동감을 느낄 수가 없다.
- 혼자 있는 것이 익숙하다. 방치되었던 경험 때문이다.
- 자신의 감정이나 욕구를 파악하는 데 어려움을 느낀다. 슬픔이나 분노 등 감정 표현이 잘 안 된다.
- 타인의 감정을 파악하는 데도 어려움을 느끼고 여러 사람과 함께하는 일이 잘 안 된다. 공감대 형성이 잘 안 돼 차갑거나 냉정하게 보이기도 한다.

방치된 '내면 아이'의 결혼 생활

자신의 배우자에게 표현하지는 않지만 마음속으로는 기대를 한다. 손을 잡아 주고 안아 주기를 기대하나 표현하지 않기 때문에 충족이 안 되는 경우가 많고, 자신의 욕구가 충족되리라는 기대치도 매우 낮다. 또한 그런 욕구 자체를 수치스럽다거나 쑥스럽게 생각하기도 하며 배우자와 친밀감을 느낄 수 있는 행동을 잘 못한다. 그러므로 배우자와 함께 있으면서도 항상 마음이 허전하고 외로움을 느낀다. 상대방이 나에게 기울이는 관심에 비하면 내가 상대방에게 보이는 관심은 차가운 아내 또는 남편으로 보일 수 있다.

4. 거절당한 '내면 아이'

"에이씨~ 왜 나만 가지고 그래?"

달님초등학교 6학년 아이들이 현장체험학습을 가고 있었다. 지방 국도를 걸어가는데, 담임 선생님의 신경을 쓰이게 하는 아이가 있었다. 모두 안전하게 도로 가장자리 인도로 줄지어 걸어가는데 현철이만 자꾸 도로 중앙으로 뛰쳐나간다. 담임 선생님이 위험하다는 생각에서 그러지 말라고 이야기하려는 순간, 뒤에서 트럭이 달려오는 것을 보게 되었다. 선생님은 현철이의 어깨와 등을 잡아 도로 밖으로 낚아채며 야단을 쳤다. "도로 안쪽으로 들어가면 위험해! 줄에서 이탈하면 안 돼!" 그러자 현철이는 즉각 화를 내며 선생님께 대들었다.

"에이씨~! 왜 나만 가지고 그래?"

선생님은 급박한 상황이라 현철이가 다칠 것 같아 끌어내어 준 건데….

현철이의 분노와 거친 표현의 뿌리
현철이가 다섯 살 때 엄마가 집을 나갔다. 그 당시 현철이 누나는 여덟 살이었는데 남매와 남편을 버리고 집을 나간 것이다. 할머니는 어린 현철이와 누나 앞에서 하루에도 몇 번씩 "자식을 버리고 나간 나쁜 ×(여자)!"이라고 엄마를 심하게 욕하고 비난을 퍼부었다. 아빠는 거의 매일 술에 취해 집에 들어왔고 어떤 날은 현철이 남매에게 화풀이를 하며 때렸다. 특히 딸인 누나보다 사내아이라고 현철이가 더 많이 맞았다. 그럴 때마다 현철이는 공포에 떨며 방 한쪽 구석에서 숨죽이고 있었다.

그러던 중 현철이가 초등학교 1학년 때 아빠가 재혼을 했다. 새엄마에게도 아이가 있었는데 현철이와 동갑내기였다. 현철이 아빠는 재혼 후 수원에 있는 할머니집을 떠나 강원도 동해시로 이사를 갔다. 현철이가 2학년이 되었을 때 새엄마가 동생을 낳았다. 동생이 태어나자 할머니는 새엄마가 아이 네 명을 키우기가 너무 힘들 거라며 현철이만 수원에 있는 할머니집으로 데리고 왔다. 할머니는 여전히 현철이에게 "네 엄마는 나쁜 ×!"이라고 심하게 욕을 퍼부으며 화풀이를 해 대었다. 혼자만 가족에게서 분리돼 할머니에게로 온 현철이는 자신을 버리고 간 엄마가 밉지만 한편으로는 보고 싶기도 했다. 그렇게 현철이는 외로움을 느끼며, 한편으론 할머니의 심한 욕설과 잔소리를 들으며 6학년이 되었다.

현철이 속에 있는 '내면 아이'

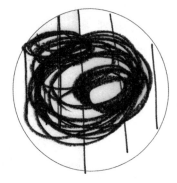

[그림 1] 현철이의 내면 그리기 작품

"에이씨~! 왜 나만 가지고 그래?"의 뿌리는 어디에 있을까? 현철이는 담임 선생님에게 욕을 한 것이 아니다. 현철이의 마음속엔 견디기 어려운, 거절받은 상처와 학대당한 큰 상처가 있었다.

"나도 좀 알아 주세요!"
"나도 존중받고 싶어요!"
"나도 사랑받고 싶어요!"
"도와주세요! 죽을 것 같아요. 나를 좀 살려 주세요!"

그래서 현철이는 이렇게 마음속으로 외치는 것이다. 선생님의 내면이 잘 정리되고 수용성이 커지면 이러한 내면의 음성을 듣고 그 아이를 도와줄 수 있다.

거절의 양육 태도(버림/배척/유기)

부모의 마음속에 자녀가 머물 공간이 없어 심리적으로 수용을 거절하는 것이다. 자녀를 존재적으로 인정하려 들지 않고, 무거운 짐처럼, 불행의 원인처럼 느끼는 것이다.

여러 가지 원인이 있겠지만 부부의 불행한 결혼 생활이 지속될 경우 자녀 양육이 즐겁지 않거나, 자녀로 인해 부모 자신의 꿈이나 사회 활동을 포기한 경우에도 거절이 나타날 수 있다. 원하지 않았는데 임신이 되었거나, 임신으로 인한 죄책감이나 수치심을 느끼면 태아에게 그대로 투사된다.

이렇게 되면 부모는 따뜻한 사랑의 표현을 하지 못하며 가장 기본적인 껴안아 주기도 못한다. 마음속으로나 실제로 "어쩌다가 저 애가 생겼는지 몰라.", "낳지 말았어야 했는데.", "그래야 내가 불행해지지 않았을 텐데." 등의 말을 한다. 지금은 많이 개선되었지만, 남아 선호 사상이 만연했던 시절에는 원치 않은 성별을 가진 아이가 태어났을 경우 부모가 노골적으로 거부하기도 했다. 여러 가지 이유로 엄마가 뱃속의 아기를 원하지 않은 경우에는 출산을 후회하기도 하며, 실제로 아기를 버리기도 한다.

현철이는 네 살 때 부모가 이혼를 하면서 시골에 혼자 사는 할머니에게 맡겨졌다. 엄마가 경제적으로 자리를 잡아 안정되면 데려가기로 했다. 지금은 중학생이 된 아이는 그때를 생각하며 이렇게 말했다.

"엄마, 아빠는 내가 귀찮았을 거예요. 쓰레기 취급한 것 같아요."

자신이 왜 버려졌는지 모르겠다고 말하면서 할머니도 자신을 짐처럼 생각한 것 같았고, 엄마가 많이 보고 싶었지만 오지 않아서 날마다 울었다고 했다. 이처럼 부모의 이혼 과정에서 또는 어려운 형편 때문에 친척집에 맡겨 놓고, 데리러 온다고 해 놓고 약속을 지키지 않았을 경우 등 여러 가지 사정으로 자녀를 다른 사람이 양육하도록 보내기도 하는데 아이 입장에서는 버림을 받았다는 생각에 커다란 상처를 받게 된다. 거절은 자녀의 입장에서 볼 때 가장 큰 아픔이며 일종의 유기다.

거절당한 '내면 아이'의 특징

거절이란 다른 사람이 나를 받아들이지 않고 원하지 않으며 나를 배척한다고 느끼는 상태로 정의할 수 있다. 나는 다른 사람들의 사랑을 많이 기대하는데 그 사람들은 나를 사랑하지 않는 것으로 느끼고 생각한다. 어떤 사람들의 모임에 속하기를 원하는데 그것이 받아들여지지 않아 소외당한 것으로 느끼며 항상 그 모임의 바깥에서 맴돌며 안쪽을 들여다보고 있게 된다.

이렇듯 거절당했다고 생각하는 경험은 알게 모르게 우리에게 깊은 상처를 남긴다. 때로는 거절의 상처가 감당하기에는 너무 커서 그 상처를 받아들이지 못하고 애써 아무렇지도 않은 듯 외면하려고 한다. 그러나 대부분의 사람은 알게 모르게 거절당한 경험에서 생긴 크고 작은 상처들을 안고 살아가는 것이 사실이다. 친구들과 하는 재미있는 놀이에 함께하지 못하고 제외된 경험이나, 동아리 축구 경기 팀에 선발되지 못하고 탈락한 경험, 여자친구를 만나기로 했는데 아무 말도 없이 약속을 깨고 나타나지 않아 상심한 경험이 있을 것이다. 그러나 이러한 경험보다 훨씬 큰 상처와 고통을 주는 것은 부모로부터 한 번도 따뜻한 사랑을 받아 보지 못했거나 결혼 생활에 갈등이 많다가 결국 이혼으로 끝나 버렸을 때 겪게 되는 거절의 상처다. 이혼은 남녀 모두에게 거절의 큰 상처를 남기게 되며, 거기에 배반당했다는 생각과 수치심에서 오는 고통까지 더해지는 경우가 많다. 이러한 이혼의 과정에 자녀들이 있을 경우, 아이들은 부모가 자신을 거절했다고 느끼기 때문에 상상할 수 없이 큰 상처를 받게 된다.

부모로부터 거절당한 '내면 아이'는 자신이 받았던 그대로 스스로를 부정하고 거절하기도 한다. "나는 태어난 것이 저주스러워!"라는 자학적인 태도를 보인다. 부모의 거절을 세상으로부터 거절당한 것으로 느끼게 되면 법과 질서를 위반하거나 범죄에 연루되었을 경우에도 죄책감을 느끼지 못하게 되어 커다란 사회적 문제를 일으키기도 한다.

자기 스스로를 거절하는 삶

지금은 자신을 거절했던 부모와 떨어져 살지만 여전히 자기 스스로를 거절하는 삶을 살기도 한다. 결혼하고 부모가 되면 자기가 받았던 '거절' 그대로 자녀를 '거절'할 수도 있다. 엄마에게 버림당한 자녀는 자기 자녀를 버리거나 또는 반대로 집착적으로 자녀를 양육할 수 있다.

이처럼 여러 가지 이유로 인한 거절의 상처가 이성보다 더 깊은 곳, 기억보다 더 깊은 곳인 우리의 무의식에 자리를 잡으면 우리의 삶을 방해하고 인간관계를 악화시켜 거절당한 상처를 끌어안고 괴로워하며 점점 더 원만한 인간관계를 형성하지 못하게 하는 걸림돌이 된다. 그러나 내 속에 있는 거절의 본질을 인식하고 통찰하며, 무의식에서 끌어 올려 절대적인 공감과 지지와 격려를 보내 주면 치유가 된다.

[표 1] 거절당한 '내면 아이'의 파괴적인 인간관계 사이클

---

① 거절의 두려움 → ② 상대방을 의심 → ③ 상대방을 테스트해 봄 → ④ 탄로 남, 상대방이 분노 → ⑤ 거절당함 → ⑥ 자기의 독방으로 감(마음의 독방)

---

5. 징벌 받은/학대받은 '내면 아이'

마음에 분노가 가득한 승우

중학교 1학년인 승우는 산만하고, 수업 시간에 집중하지 못해 선생님들에게 거의 매일 야단을 맞는 아이다. 사소하지만 거짓말을 잘하고, 문구점이나 동네 가게에서 물건을 훔치거나 친구들의 물건에도 손을 댄다. 그럴 때마다 꾸중하는 선생님께 반항하여 물의를 일으키기도 한다. 반 친구들과도 잘 어울리지 못하고 침울하게 있다가도 조그마한 일에 화를 내며 주먹을 휘둘러 아이들과 싸움을 한다. 체구가 작고 힘이 약함에도 아이들에게 폭력을 쓴다. 힘으로 밀릴 때는 의자를 집어던지거나 흉기를 가지고 위협한다. 이런 일들 때문에 강제 전학을 당해 몇 차례 학교를 옮겨 다니게 되었다. 그러나 가는 곳마다 적응하지 못하고 문제 행동이 더욱 심각해지면서 결국 승우는 학교를 그만두게 되었다.

승우의 어린 시절

승우가 태어나던 시기에 아버지의 사업이 기울기 시작했다. 두 살 때는 완전히 실패해 가정 형편이 매우 어려워지고, 그로 인한 부부 싸움도 잦게 되었다.

승우가 어린 시절 부모로부터 가장 많이 들은 말은 "원수 같은 놈!", "빌어먹을 놈!"이었다. 부부 싸움을 한 후에는 어린 승우의 작은 실수에도 본인들의 마음에 쌓인 미움과 분노의 감정을 그대로 승우에게 퍼부었다. 부부 관계가 점점 나빠져서 이혼의 위기가 찾아왔을 때는 더욱더 심해졌다. 어린 승우의 조그마한 잘못에도 타이르는 대신에,

"바보 같은 놈! 난 널 이미 포기했어!"

"내가 그럴 줄 알았어!"

"내가 뭐라고 했니! 바보 멍청아!"

등 지나치게 모욕적인 언어를 쓰며 귀찮은 존재라는 정서적, 언어적 학대를 가했다. 승우 엄마는 '너희들 때문에' 이혼을 못하고 참는다는 표현을 아이들 앞에서 자주 사용하곤 했다.

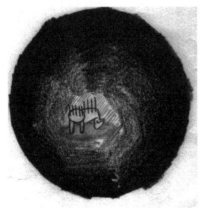

[그림 2] **부모의 이혼 위기 때 승우의 마음**

승우가 4학년이 되는 해 부모님은 조그만 마켓을 운영하며 그런대로 생활을 할 수 있는 정도는 되었다. 점차 이혼의 위기도 넘기고 부부 싸움도 많이 줄었으나 가게를 운영하며 사소한 다툼은 계속됐다.

징벌 받은/학대받은 '내면 아이'

- 정서적인 학대: 부모가 자녀에게 미움, 분노, 적개심 등의 감정을 표현함. 정서적으로 아이를 질식시킬 듯이 대함. 자녀를 지나치게 불신하거나 차갑게 대하기도 하며 무슨 일을 하든 실패할 것을 예상하는 태도로 대함.
- 언어적인 학대: 자녀가 잘못을 했을 때 타이르는 대신 모욕적인 언어를 퍼붓거나 비난하기. 모욕적인 언어나 말을 들을 때 심리적, 정서적으로 사람의 내면에 욕의 독이 퍼짐. "난 널 이미 포기했어!", "내가 뭐라고 했니?" 등.
- 신체적 학대: 체벌, 폭력을 서슴지 않으며 학대하는 부모의 심리 상태는 응징과 복수심에 불타 있음.

학대의 원인

- 때리고, 처벌하는 것이 좋은 교육 수단이 된다고 오해함.
- 부모 자신의 실패에서 비롯된 낮은 자존감이나 부적절한 감정에서 오는 학대(예: 원만하지 않은 부부 관계나 사업 실패 등의 경우 자녀를 가장 만만한 상대로 여기고 분노의 분출구로 이용할 수 있음). 어려서 징벌을 받으며 자란 사람은 선과 악의 경계를 분명히 지으려고 하는 경향이 있으며 성장한 후 부모가 되면 자녀를 학대하는 경향이 있음.

[표 2] 완벽과 강압, 과잉보호, 거절과의 연관성

· 강도의 정도: ① 학대 → ② 강압 → ③ 완벽
· 자녀를 학대한 후 죄책감 때문에 지나치게 과잉보호할 수 있다.
· 거절이 동시에 나타날 수 있다(거절로 학대를 나타낼 수 있다).

학대받은 '내면 아이'의 특징

- 스스로 자기가 나쁜 아이라는 부정적 자아상을 갖거나 자신을 스스로 학대함(자학적). 예: '난 착한 사람이 못 돼!' (나쁜 아이 콤플렉스)
- 자기 자신을 처벌하기도 하고 응징하기도 함(예: 하루 종일 대청소, 하루 굶기).

- 자녀를 학대할 수 있음(쉽게 처벌적인 행동을 함).

- 자신을 학대한 부모와 사회적 규범을 무의식적으로 동일시함.

- 낮은 자존감과 수치심이 있음(거절당한 '내면 아이'의 특징과 같음).

- 죄책감을 느끼지 않아도 될 때 부적절한 죄책감을 느낌
  (항상 부모로부터 '너는 나쁘다'라는 평가를 받아 왔기 때문에).

- 자신이 처벌받고 학대당하는 것을 당연하게 여기고 기대함(처벌, 학대, 징벌 속에서 자라 왔기 때문).

- 인생에서 당연히 누려야 할 행복을 누리지 못함(초대받은 자리, 행복한 자리에서조차도).

- 부적절한 증오심, 분노, 복수심이 많음(부모의 학대 때문에: '두고 보자', '내가 복수할 거다.' '당하고만 있지 않을 거야!').

- 인간관계에서 매우 건강하지 못한 순환 고리를 가지고 있음.

- 상대방을 학대 → 죄책감(자책) → 자기 처벌(밥을 굶거나 외출을 안 하면서 자신을 벌함) → 분노, 복수심 → 상대방을 학대. 이러한 정서적 순환이 계속 반복되는 순환 고리를 가짐(인간관계가 파괴됨).

- 사람들을 불신하고 경계함. 정직했으나 처벌받던 경험 때문에 상대방에 대한 경계가 있고, 상대방에 대한 불신의 감정이 생김.

- 자신의 마음속에 자리한 두려움을 상대방이 알까 봐 두려

위함.

- 내가 계획한 일이 잘되지 않을 것이라는 두려움을 가짐 (낮은 자존감에서 비롯됨).

- 거짓말과 속임수가 발달함(징벌이나 학대를 피할 수 있는 수단으로 거짓말을 방어기제로 사용했기 때문에 발달함).

- 자신의 감정까지도 속임. 무서우면서도 안 무서운 척, 불안하지 않은 척, 울지 않는 척 행동함.

- 자발성, 창의성이 떨어짐.

- 타인의 비도덕적인 행동을 보고 지나치게 독선적인 행동을 보이는 경우가 있음('투사'라는 방어기제와 인정받고 싶은 욕구 때문).

- 결혼 생활에서 순환 고리가 반복될 가능성이 있음(배우자 학대 → 죄책감 → 자기 처벌, 용서를 구함).

- 학대받은 '내면 아이'가 아내에게 있을 경우 남편의 분노를 건드리는 행동을 하는 수가 있음. 그것이 자신을 처벌하는 효과가 있다고 무의식적으로 생각함.

- 즐거움과 행복, 기쁨이 없는 부부 생활을 하게 됨.

- 학대한 부모에게 복수하는 마음이나 사회질서에 반항하기 위해 난잡한 성생활을 즐기기도 함.

6. 충동적인 '내면 아이'

훈련받지 못한 '내면 아이'

변덕이 심하고 끈기가 부족한 남편

나[1]의 남편은 딸만 세 명(누나만 셋) 있던 가난한 집안에서 늦둥이 막내 외아들로 태어났다. 시집은 남편이 어렸을 때부터 가난했지만 시집 어른들은 남편이 원하는 것이라면 다해 주려고 하셨다. 특히 할머니는 손자에게 언제나 "오! 내 새끼, 오냐오냐! 그래그래!"라는 말을 입에 달고 사셨다. 집 안에서 가장 어린아이였음에도 남편은 왕 같은 위치에서 군림하고 있었다. 힘들고 어려운 일은 부모님이나 누나들이 다하고 남편은 쉽고 재미있는 일만 하며 자랐다. 그런 환경에서 공부하며 초·중·고를 졸업하고 운 좋게 대학에 들어갔다. 대학에 가서도 남편은 여러 차례 학교를 그만둘 생각을 했다. 억지로 다니던 대학을 쉬고 싶어서 군에 입대하기로 했다. 이런저런 가정 사정과 건강상의 문제를 들어 집 근처 동사무소에서 대체 근무를 하며 병역(군 복무)의 의무를 했다. 군에서 제대를 하고 대학에 복학한 후에도 쉬운 과목 위주로 학점만 따듯이 간신히 졸업을 했다. 졸업 후엔 시부모님의

---

1. 내담자

인맥을 통해 작은 회사에 입사를 했다. 전공 과목이 적성에 맞지 않는다면서 다른 분야에서 일하고 싶다고 비전공 분야의 회사로 취업을 했다. 취업 후 회사 동료의 소개로 나를 만났고, 지난해 결혼을 했다.

취업은 했지만 남편은 회사에 잘 적응하지 못하고 일하는 것에 흥미가 없었다. 회사에서는 업무를 자주 바꾸어 주었다. 회사의 필요에 의해서인지 남편이 맡은 업무를 싫어하고 잘 못해서인지는 몰라도 자주 팀을 옮겨 다녔다. 얼마 가지 못해 "회사를 옮겨 보고 싶다."는 말을 자주 하기 시작했다. 퇴근하고 집에 오면 회사에 대한 불평불만을 많이 늘어놓았다. 불평을 늘어놓기 시작한 몇 달 후, 나와는 아무런 상의도 없이, 어떤 준비도 없이 회사를 덜컥 그만두었다.

회사를 그만둔 지 6개월이 되었다. 남편이 지금 가장 힘들어 하는 것은 어떤 일을 새롭게 시작해야 한다는 것이다. 두려운 마음마저 느끼는 것 같다. 회사를 그만둘 때만 해도 "뭐든지 하면 되지."라고 나에게 큰소리쳤는데 쉽지가 않다. 회사에서 일할 때는 시키는 일만 하면 됐는데 지금은 혼자서 다 알아서 해야 하기 때문에 어려워하는 것 같다. 내가(아내) 시간을 두고 천천히 할 일을 찾아보라고 말은 해 주지만 남편이나 나나 마음이 조급해지기 시작했다. 어떤 일을 하려면 죽기 살기로 열심히 최선을 다해야 하는데, 말하는 것과는 다르게 남편에게는 그런 것이 안 보여서 답답하다. 내 남편을 어떻게 도와주면 좋을까?

내담자의 남편은 자신의 생각대로 되지 않으면 버럭 화부터 낸다. 상대가 친구건, 부모건, 교사건 가리지 않는다. 상대방의 감정은 아랑곳하지 않고 짓밟는다.

남편의 어린 시절

'눈에 넣어도 아프지 않을 내 새끼'였다. 시부모는 행여 아들이 화를 내거나 마음이 상할까 봐 전전긍긍했다. 아들이 응석을 부리면 무조건 굴복하고 받아 주었다. 요구하는 것은 무엇이든 거절하지 않으려고 노력했다. 아들이 다른 사람과 의견 충돌을 피하기 위해서라면 자신은 어떤 희생을 치러도 좋다고 생각한다. 아들은 이것을 이용하는 법을 어린 시절부터 터득해 왔다.

- 버릇이 없고 예의가 없음.
- 타인의 감정을 상하게 함.
- 즉흥적, 충동적임.
- 감정의 기복이 심함.
- 모든 행동이 과도함(과식, 과음, 과도한 선행, 조근조근해도 될 말인데 소리를 지르기).
- 매사에 일관성이 없으며 변덕이 심함.

부모의 양육 태도

부모가 유약하면 자녀에게 끌려 다니는 태도를 보이게 된다. 과거의 부모가 지나치게 강압적이고 징벌적인 경향이 있었다면 지금 시대 부모는, 사회적 경향이기도 하지만 허약할 정도로 보인다. 이러한 양육 태도는 부모로서의 당연한 권리와 위치를 생각지 않고 무조건 자녀의 요구를 들어 준다는 특징을 보인다. 이처럼 아이의 부당한 요구에도 굴복하며 자녀를 진정으로 사랑하는 것과 굴복하는 것을 혼돈하는 부모의 유약한 태도가 자녀의 양육에서도 문제를 일으키게 되는 것이다.

- 자녀에게 분명한 한계나 제약을 정해 주지 못함.
- 자녀 앞에서 어떻게 해야 할지 모르고 쩔쩔매며 눈치를 봄.
- 자녀의 욕구를 제일 중요하게 생각하며, 자녀가 하고 싶은 것을 모두 충족시켜 줌.
- 언어상의 특징으로는 "오냐오냐! 그래그래!"를 많이 사용함.
- 부모의 유약한 태도를 나의 자녀에게 그대로 물려줄 수 있음.

충동적인 '내면 아이'의 일반적 성향

이런 부모 밑에서 자란 자녀는 분명한 경계 세우기와 훈육이 없었기 때문에 여러 가지 문제 행동을 보이게 된다. 충동적이며 즉흥적인 행동으로 인해 어떤 일을 계획하거나 결정을 할 때도 신중하지 못하다는 평가를 받는다. 부모로부터 분명한 경계 세우기를 훈련받지 못해, 순간적인 기분에 의해서 행동하기 때문이다. 다음은 충동적인 '내면 아이'의 일반적 성향을 요약한 것이다.

- 충동성과 변덕스러운 성향 때문에 매사에 일관성이 없음.
- 자기 자신에 대해 한계를 세우지 못하고 스스로 훈계나 책망을 하지 못함.
- 적절한 책임감이 필요하다는 것은 알지만 실천하지 못하며, 한계를 인식해도 지키지 못함.
- 버릇이 없고 예의가 없다는 평가를 받기 쉬움.
- 준법정신이 약하고 타인을 배려하는 마음이 부족함.
- 상대방이 나의 행동에 대해 어떤 영향을 받을지 생각지 않음.
- 계획도, 결정도 충동적이며 신중하지 못해 실패할 확률이 높음.
- 순간적인 기분에 의해 행동하며 감정의 기복이 심하고 통제 능력이 부족함.

- 과음, 과식, 과도한 선행 등 모든 행동이 과도함.
- 목표 의식이 약하고 꾸준한 노력과 인내심이 부족해 중도에 일을 멈춤.
- 나의 요구를 항상 들어 주었던 부모처럼 타인이 내게 그렇게 해 주기를 기대함.
- 부모가 늘 자신의 욕구를 무조건 충족시켜 주었기 때문에 자기중심적, 이기적인 성향이 강함.
- 자유분방하고 사람들과 쉽게 사귈 수 있는 긍정적인 측면도 있음.
- 현실성이 없는 창의적인 생각을 잘하고, 부적절한 자신감을 나타냄.
- 무대처럼 주목받는 곳에서 돋보이며, 그런 곳에서 톡톡 튀는 말과 행동으로 관심을 받는 능력이 있음.
- 모든 사람이 자신의 부모처럼 대해 주는 것이 아니기 때문에 삶에 원망, 짜증, 불만, 불평, 박탈감, 분노 등이 많음.
- 힘들고 어려운 일보다는 쉽고 재미있는 일만 추구함.

7. 과잉보호를 받은 '내면 아이'

수강 신청해 주는 부모, 고마워하는 아들

서울의 모 대학 교수를 만나서 부모의 과잉보호에 대한 문제로 대화를 나눈 적이 있다. 그 교수는 학생이 고등학교 때 상위권 성적을 거두었고 대학에도 입학했으니 이제는 스스로 독립할 수 있도록 도와주어야 할 시기인데도 불구하고, 여전히 부모가 자녀 곁을 맴돌며 문제가 생길 때마다 해결해 주는 사례가 빈번하다면서 걱정스럽게 이야기했다. 나는 우리 학교 아이들은 중학생임에도 자신이 해야 할 일은 스스로 결정하고 고등학교에 진학하는 문제까지 본인이 결정하는 경우가 많다고 이야기했다. 그러자 그 교수는, 부모가 자녀의 대학 입시에만 올인하며 모든 것을 다 해 주는 대한민국 교육 풍토에서는 상당히 드문 현상인 것 같다고 놀라워하며, 지극히 정상적인 것이 특이한 일이 되어 버렸다고 씁쓸해 했다.

공부 잘하는 자식을 대학까지 보내 놓고도 문자나 카카오톡(카톡)으로 무엇을 하는지, 점심은 누구와 무엇을 먹었는지 등 사소한 것까지 하루 일과를 다 알아야만 마음을 놓는 부모가 갈수록 늘고 있다고 한다. 자신이 직접 경험한 당황스런 일 중에는 "아이가 왜 B학점이냐?"고 항의를 하는 부모도 있었고, 수강 신청을 도와주거나 선택 과목을 직접 챙기는 부모도 있다고 한다. 학기 초 지도 교수 면담을 신청해 자녀와 함께 찾아오는 학부모도 있다고 한다. 이 교수가 걱정하는 것은 그런 부모의 지나친 관심과 개입도 문제지만, 더욱 심각한 문제는 학생이 받아들이는 태도라고 했다. "그건 내가 할 일이니 그만 간섭하라."라든지, "그동안 감사했습니다. 이젠 대학생이 되었으니 걱정하지 마세요." 등의 반응을 보이는 학생을 보지 못했고, 오히려 부모는 당연히 그래야 한다는 듯 계속 의지하려는 태도를 보인다는 것이다. 그는 이렇게 자란 학생의 미래를 많이 걱정하고 있었다.

군대 생활 함께하는 부모: 국방 유치원[2]

과잉보호를 보여 주는 행동

#1

강원도의 한 군부대 주임 원사인 김모 상사는 요즘 스마트폰 열기가 겁난다. 갓 전입 온 신병 부모들에게 '병사들이 잘 적응하고 있다'는 문자 메시지를 보냈더니, 부모들이 카톡에 단체 채팅방을 만들어 그를 초대한 것이다. 그 이후 '우리 아들 사진 좀 보내 주세요.', '오늘 점심·저녁 메뉴는 뭔가요?', '괴롭히는 선임 없는지 봐 주세요.' 같은 메시지가 밤낮없이 울려 대고 있다. 김 상사는

---

2. 출처 http://news.chosun.com/site/data/html_dir/2016/04/25/2016042500158.html

"수시로 카톡이 울려 업무에 집중할 수 없다."면서 "까다로운 직속상관이 한꺼번에 여러 명 더 생긴 기분."이라고 했다.

#2

충청도 모 부대에 근무하는 이모(45) 원사는 최근 김모(22) 이병의 어머니에게서 "아들이 다리가 아픈데 경계 근무를 서게 됐다."며 보직을 바꿔 달라는 전화를 받았다. 이 원사가 "건강엔 문제 없으니 걱정 말라."고 하자 "내 아들 잘못되면 책임질 거냐?"는 호통이 돌아왔다.

#3

아버지들도 예외는 아니다. 최모(52) 씨는 지난달 초 경기도 한 부대에 복무하는 아들의 30㎞ 행군을 함께했다. 다른 병사 아버지 세 명과 함께 차로 행군을 따라다니며 쉬는 시간마다 치킨이나 빵 같은 간식을 날랐다. 최씨는 "내가 극성이라기보단 다른 부모들을 대신해 아들들을 챙겨 주는 것."이라고 했다.

과잉보호를 받는 '내면 아이': 의존적인 아이

과잉보호란 양육 과정에서 자녀가 스스로 할 수 있는 기회를 주지 않고 너무 지나치게 보호하는 것을 말한다. 충동적인 '내면 아이'가 '자녀의 욕구에 부모가 무조건 따르면서(자녀의 욕구를 가장 중요하게 생각하며) 양육'한 결과 형성되었다면, 과보호는 '부모가 생각한 대로 자녀를 이끌어 가는(부모의 욕구를 가장 중요하게 생각하며) 양육 방법'이라는 면에서 충동적인 '내면 아이'와 차이가 있다. '자녀의 욕구'가 중요하게 작용했는지, 아니면 '부모의 욕구'가 중요하게 작용했는지가 다른 점이다. '부모의 욕구'를 중요하게 생각하고 부모가 자신의 생각대로 자녀를 이끌어 간다는 점에서는 강압적인 '내면 아이'와 유사하다. 어린 자녀가 하고 싶은 대로 무조건 다 허용하고 끌려 다니는 부모의 양육 방법이 자녀의 건강한 성장에 해를 끼치듯, 부모가 하고 싶은 대로 모든 것을 다해 주는 양육 방법 역시 자녀에게는 해롭다. 부모에게나 자녀에게나 어느 한쪽으로 너무 지나치게 치우치면 문제를 일으킨다.

과잉보호하는 부모의 양육 태도

과보호는 아이에게 기회를 주지 않고, 자녀가 요구하기도 전에 부모가 다 알아서 대신해 주는 것이다. 요즘 부모에게 많이 나타나는 양육 태도이기도 하다. 먹는 것, 입는 것, 숙제하는 것, 심지어 놀이터에서 노는 것까지 관여하고 통제한다. 이러한 부모의 마음속에는 아이에 대한 걱정이 한가득일 경우도 있고, 이렇게 다해 주는 것이 잘하는 양육이라는 잘못된 생각 때문에 부모 자신의 욕구를 충족시키는 자기만족일 수도 있다.

과보호의 문제점은 자녀가 스스로 할 수 있는 기회를 부모가 박탈함으로써 어릴 적부터 성취의 기쁨을 느끼지 못하고 성장하게 된다는 것이다. 성취의 기쁨을 통해 삶의 활력을 느끼는 것은 발달단계에서 대단히 중요한 일이다. 성취감을 맛보며 성장해야 할 기회를 빼앗기면 다른 사람들이 다 해 주기를 기다리는 의존적 성향이 커질 수 있다. 스스로 어떤 일을 결정하거나 추진하는 힘이 부족하고 삶에 활기가 없다. 그동안 부모가 다 해 주었기 때문에 자립하거나 독립하는 것을 어려워하는 의존적인 특징을 보이게 된다.

자녀의 입장에서는 원하거나 요청하지도 않았는데, 심지어 싫다고 하는데도 계속 주는 부모 때문에 즐겁지도 않고, 오히려 짜증만 나기 때문에 고마움도 감사함도 느끼지 못하고 표현하지도 않는다. 이처럼 부모의 지나친 친절과 개입, 그리고 과잉보호는 자녀를 정서적으로 숨 막히게 하고 매우 불편하게 하며 분노하게 할 수 있다. 치유 상담 연구원 김중호 교수는 "가끔은 부부 사이가 안 좋을 때 자녀에게 집중하며 과보호가 일어날 수 있다. 남편이나 아내로부터 받아야 할 관심과 사랑, 따뜻한 관계를 형성하지 못하는 공허한 마음을 보상하려는 태도일 수 있다."고 말했다.

어린 시절 자주 아팠던 아이, 독자로 태어난 아이, 오랫동안 기다렸다가 태어난 장손이나 막내아들 등이 과보호를 받기 쉽다. 낳지 않으려고 노력했는데 태어났거나, 오랫동안 할머니나 친척

등 다른 사람이 맡아서 키워 주던 아이를 데리고 왔을 경우에도 부모는 죄책감 때문에 과보호하는 사례가 있다. 이런 경우 자녀에겐 거절이나 방치 등의 문제와 함께 과보호라는 이중적 정서가 형성되기도 한다.

과잉보호를 받은 '내면 아이'의 특징

과보호를 받고 자란 '내면 아이'는 힘들고 어려운 일은 하려고 하지 않거나, 스스로 자신을 과보호하려는 태도를 가진다. 자기 자신을 위해서는 고급 식당에서만 식사를 한다거나, 유명 브랜드의 고급 옷만을 구매해서 입는 등 많은 돈을 아무렇지 않게 쓴다. 이러한 습관이 자녀에게 그대로 대물림될 수도 있다.

과보호를 받은 '내면 아이'가 보여 주는 전형적인 특징은 매사에 의존적 성향을 보인다는 것이다. 그동안 부모가 다 해 주었기 때문에 성인이 되어서도 주변의 누군가가 자기 대신 다 해 주기를 기다린다. 자기 스스로 결정하기를 어려워하거나 어떤 일을 추진하는 힘이 부족해 자립이나 독립하는 것을 어려워한다. 이러한 의존적인 성향이 뚜렷하게 나타나는 것이 특징이다.

[표 3] 강압적 부모와 과잉보호하는 부모에게서 양육된 의존성의 차이

강압적 부모	과보호 부모
자신의 부모와 같은 사람을 싫어하고 경계함(부정적 전이가 일어남)	부모와 같은 사람을 찾음

'과잉보호받은 내면 아이'는 책임감에도 문제를 보인다. 어린 시절부터 부모가 모든 책임을 다 졌기 때문에 책임질 일에 직면할 힘이 없다. 따라서 책임감 자체를 싫어하여 피하게 되고, 자신에게 부담이 주어지는 것을 싫어한다.

인간관계를 형성하는 문제에서도 항상 다른 사람들이 내 기분을 알아서 맞추어 주고 내 마음을 풀어 주기를 원하며 기대한다. 예를 들면, 자신의 생일을 축하받고 싶다는 말은 하지 않고, 상대방이 알아서 내 생일을 기억하고 축하해 주기를 원하는 것이다.

어린 시절부터 부모가 다 알아서 해결해 주는 것의 문제점은 자녀의 인내심과 지구력을 부족하게 만들어 버린다는 것이다.

[표 4] 과잉보호받은 '내면 아이'와 충동적 '내면 아이'의 차이

과잉보호받은 '내면 아이'	충동적 '내면 아이'
의존성, 싫증과 권태 때문에 꾸준함이 없음. 감사가 없음. 부모와 밀착	충동성, 변덕이 심하여 꾸준함이 없음

이렇게 자란 아이들은 어떤 일을 하다가 중도에 쉽게 포기하거

나, 새로운 일을 시도하거나 도전하는 것을 두려워하게 된다. 지속적으로 하나의 대상에 대해 관심을 가지지 못하기 때문에 매사에 쉽게 싫증과 권태를 느낀다. 과보호받은 사람들의 이직률이 높게 나타나는 것도 이런 이유 때문이다. 부모가 과보호하는 것은 자녀가 성취감을 맛볼 기회를 빼앗아 가는 것뿐 아니라 동시에 열정도 빼앗는 결과로 나타난다. 열정과 적극성이 없기 때문에 소극적이며 게으르고 무기력하고, 다른 사람들이 자기에게 동정심을 느끼도록 하는 방법을 무의식적으로 알고 있고 그렇게 유도한다. 외로워 보이기, 슬픈 표정 짓기, 무관심하기 등 동정심을 불러 일으켜서 엄마가 내 곁에 오도록 하던 방법을 어려서부터 알고 터득했기 때문에 이러한 기제를 무의식적으로 사용하기도 한다.

치유되지 않은 '내면 아이'와 '분노'

1. 치유되지 않은 '내면 아이'가 분노를 만든다

부모나 교사에게 내면 치유가 필요한 이유는, 치유되지 않은 '내면 아이'가 사춘기 자녀나 학생들이 자신의 생각을 표현하는 정상적인 반응, 즉 "싫다!", "안 한다!", "그렇지 않다."라는 말을 자기 생각대로 해석하여 '반항하는 녀석!'으로 단정 짓고 분노하기 때문이다. 이처럼 아이들을 향해 화를 내게 하는, 어른들에게 있는 치유되지 않는 '내면 아이'가 자녀들의 언행을 부모 생각대로 부적절하게 투사하여 '반항하는구나!' 또는 '거절하는구나!'라고 단정 짓게 하는 것이다. 아이들 입장에서는 이러한 어른들의 분노를 이해할 수 없으며, 당황스럽고 화가 치민다.

그러나 부모 입장에서는 자신의 행동을 자신의 치유되지 않은 '내면 아이'때문에 일어난, 부적절한 '투사'로 인식하기보다는, 그동안 온갖 정성을 다하고 희생하며 키워 온 자식이 자기 마음대로 따라오지 않을 때 드는 배신감이나 거절당하는 마음에 사로잡히는 경우가 많다. 따라서 부모-자녀 관계에서 부모 중심으로 되기 쉬우며 정상적인 상황 판단을 어렵게 하여 자녀와의 관계를 불편하게 만드는 말을 하게 한다. 이것이 악화되어 배신감과 적대감으로까지 발전하면 분노를 조절할 능력을 잃게 되기 때문에, 자녀의 행동 하나하나가 모두 부정적으로 보이고, 정상적인 지도가 어려워지며 부모-자녀 관계에 심한 갈등이 생긴다.

2. 잘난 척하는 남학생만 보면 화가 나는 여선생님

학교에서

김수진 선생님은 ○○중학교에서 과학을 가르친다. 김 선생님은 유난히 잘난 척하는 남학생에게 분노를 많이 느낀다고 호소했다. 예를 들면 명진이가 수업 시간에 질문을 하거나 시험문제 풀이를 해 줄 때 "선생님! 다른 방법으로 풀어도 되는데요!"라고 말하면 화부터 난다고 했다. 어느 날 동료 교사들에게 명진이에 대해 물어 보았는데, 다른 교사들은 명진이가 공부도 잘하고 수업 시간에 적극적으로 참여하는 성실한 아이라는 평이 대부분이었다. 김수진 선생님은 그렇다면 자신 속에 명진이와 같은 태도를 보이는 남자아이들에 대한 선입견이나 왜곡된 신념이 자리 잡고 있는 것은 아닌가라고 생각하고 상담을 받으러 왔다.

집안에서

김수진 선생님은 4개월 전 결혼을 했다. 서너 살 위 남편은 대기업에 근무하는 회사원이다. 어느 날 신혼집 주방에 형광등이 깜박이다가 나가 버렸다. 주방에서 저녁 준비를 하고 있던 김 선생님은 퇴근하여 돌아온 남편에게 형광등을 갈아 달라고 부탁했

다. 남편은 형광등을 사다가 갈아 끼우고는 아내인 김 선생님 옆
으로 다가왔다.

"수진아, 나 형광등 잘 갈지?"

남편의 말에 김 선생님은 알 수 없는 분노가 가슴속에서부터 올
라오는 것을 느꼈다. 그러나 꾹 참고 남편을 피해 가스레인지 쪽
으로 자리를 옮겨서 끓여 놓았던 된장찌개 냄비에 다시 불을 붙였
다. 따따따따~

남편이 또 아내 옆으로 다가왔다.

"수진아! 나 형광등 잘 갈지? 나 없으면 우리 집은 암흑이지?"

그때 김 선생님의 분노가 폭발했다.

"이 세상에 형광등 하나 못 가는 인간도 있어!"

김 선생님의 어린 시절

김수진 선생님은 두 살 위 오빠와 세 살 아래 남동생을 둔 삼 남
매 중 가운데 딸이었다. 기억해 낼 수 있는 사건 중 가장 어린 나
이의 이야기를 말해 보라고 하자 오빠의 초등학교 입학 때를 떠
올렸다. 장손의 장남인 오빠가 초등학교에 입학하기 전날 집안은
온통 잔치 분위기였다. 할머니, 할아버지, 고모 등 많은 친지들이
가방과 신발, 옷 등을 선물로 사 가지고 와서 축하를 해 주었다.
오빠가 새 신발을 신고 어린 동생에게 자랑을 하여 부러워했던 기

억을 말했다. 설 명절에도 할아버지가 오빠에게는 세뱃돈으로 만원권 지폐를 주고 자신에게는 천 원짜리를 준 것으로 기억했다. 초등학교 때도 고모가 오빠에게만 가방이나 신발을 사 주었고, 그때마다 오빠는 동생에게 자랑하며 약을 올리곤 했다.

김 선생님이 고등학교 1학년 때 중간고사 준비를 하고 있는데 엄마가 다가와서 말씀하셨다. "수진아, 오빠가 내년에 대학을 갈 텐데, 우리 집 형편에 너까지 대학을 보낼 수 없으니 너는 공부하지 말고 취업을 해라!"

수진이는 이를 악물고 공부를 했다. 오빠만 편애하는 할머니와 부모님에게 나도 잘할 수 있다는 무엇인가를 보여 주고 이 집에서 나가 독립하겠다는 마음으로 열심히 공부를 했다. 집에서 대학 등록금을 마련해 주지 못할 것 같아, 비교적 학비 부담이 적은 교육대학과 국립 사범대학을 목표로 공부했다. 그렇게 하여 국립 사범대학 과학교육과를 졸업했고, 임용시험을 치르고 중학교 교사로 발령을 받았다.

김 선생님의 '내면 아이'

남학생이나 남편에게 폭발하는 김 선생님의 분노의 근원을 알겠는가? 어린 시절 받았던 차별 때문에 생긴 분노다. 남학생 명진이가 잘난 척을 한 것이 아니라 김 선생님의 눈에 그렇게 보였을 뿐이다. 다른 동료 교사들은 성실하고 똑똑한 학생으로 좋게 평가하는데 왜 김 선생님은 그렇게 생각하는지 이해가 될 것이다. 어린 시절 무시당했거나 억압받은 사건들이 무의식 속에 쌓여서 자신도 모르게 올라오는 감정들이다. '내면 아이'때문에 그 감정이 분노로 나타나는 것이다. 30대 중반을 넘어선 김 선생님 부부가 싸우는 모습은 몇 살짜리 아이들이 싸우는 모습과 유사할 것이다. 남편에게 있는 칭찬받고 싶은 '내면 아이'와 김 선생님에게 있는 차별 받고 거절당한 내면 아이가 마치 여섯 살짜리 어린아이들과 유사할 것이다. 교사·부모가 죄책감 없이 학생·자녀에게 분노를 잘 표현하는 연습을 하기 위해서는 다음과 같은, 분노에 대한 기본적인 이해가 필요하다.

- 분노는 이 세상 모든 사람이 가지고 있는 정상적인 감정이며 삶에 꼭 따라오는 필요한 요소이다.
- 개인마다 분노를 표현하는 방법은 다를 수 있다. 화를 내기도 하고, 짜증을 부리기도 하며, 초조와 불안, 성가심, 조바심 등으로 나타나기도 한다.
- 분노를 표현하는 방법이 모두 다르기 때문에 '내 마음의' 분노를 다른 사람이 알아차리는 경우도 있지만, 알지 못하는 경우도 있다
- 해결되지 않은 분노는 여러 가지 신체적 증상으로 나타날 수 있고, 드러나지 않은 정서적인 문제의 원인이 된다.

- 분노는 어떤 어려운 일을 해내고자 하는 동기를 부여해 무기력과 무관심에서 벗어날 수 있는 에너지를 줄 수도 있다.
- 분노는 우리 내면에 점점 깊어지는 좌절감, 실패에 대한 두려움, 해결되지 않은 죄책감, 과다한 업무에서 오는 몸과 마음의 탈진 등을 알게 하는 통로가 된다.
- 분노는 습관이 될 수 있다. 따라서 분노를 잘 다스리고 건강하게 잘 표현하기 위해서는 훈련이 필요하다.

분노에서 자유로워지다

대부분의 사람은 김 선생님과 비슷한, 치유되지 않은 '내면 아이'로부터 시작된 분노의 감정을 가지고 있다. 이는 지극히 정상적인 감정이며, 삶에서 피할 수 없이 꼭 따라오는 요소이다. 다만 그 분노를 어떻게 다스릴 것인가의 문제이다.

김 선생님은 분노의 뿌리가 '그 남학생'이 아니고, 자신의 어린 시절 부모나 가족의 차별과 방치에서 시작된 것이라는 사실을 인식하게 되었다. 김 선생님은 자신의 무의식에 자리 잡은 '내면 아이'를 치유하기 위해 어린 시절의 상처가 지금 자신의 삶에서 어떤 영향력을 행사하는지 알게 되고 이해하게 되었다. 그리고 이 책에도 소개되어 있는 '내면 아이' 진단과 치유 과정을 저자와 함께 꾸준히 공부하며 분석했고, 사람들과의 관계에서 드러나는 심리적인 불편함이나 분노의 근원을 찾아내게 되었다. 그와 더불어 10대가 분노에 대처하는 방법을 함께 공부한 후 학생이나 남편에 대한 수용의 폭이 넓어지고 정서적으로 안정되었으며, 주변 사람들과의 관계에서 분노의 강도나 횟수가 현저하게 줄어들게 되었다.

3. 분노에 대한 오해[1]

분노를 폭발하면 마음이 후련해지고 스트레스가 풀린다?

부모가 자녀에게 화를 낸 후 마음이 후련해지고 스트레스가 풀리는 것을 느끼기도 한다. 무거운 짐을 내려놓은 것 같은 홀가분한 감정을 느낀다.

그러나 분노를 통해 마음이 진정되고 스트레스가 풀리는 듯한 현상은 오래가지 못하고 일시적인 기분일 뿐이다. 또다시 긴장하고 스트레스가 찾아오면 더 강화된 분노를 사용하게 된다. 분노의 폭발은 곧 또 다른 폭발을 가져오게 되고, 매번 스트레스를 극

---

1. 분노에 대한 이론적 기초는 치유 상담 연구원 김형준 교수의 강의 '분노클리닉' 내용을 바탕으로 학부모, 교사, 학생들에게 맞도록 수정 및 재구성하였다.

복하기 위해 분노를 사용하다 보면 그다음의 분노는 더욱 쉽게 폭발되고 더욱 강화되어 점점 더 자제할 수 없을 만큼 힘들어진다. 그렇게 되면 주변 사람들은 깊은 상처를 받게 되고 점점 방어적으로 행동하며, 나중에는 심하게 저항을 하게 된다. 특히 자녀가 어릴 때는 부모의 분노에 대해 무서워하거나 두려움에 떨기도 하지만, 성장하여 사춘기가 되면 부모가 분노를 폭발할 때마다 짜증을 내며 대들거나 '또 시작이군!'이라며 피하게 되고 무관심하게 되기도 한다.

만약 당신이 분노를 폭발한 뒤 스트레스가 풀린 듯한 감정을 자주 느꼈다면 다음과 같은, 치유되지 않은 '내면 아이'가 마음속 깊이 숨어 있는 것은 아닌지 점검해 봐야 한다. 분노는 내면의 상처에서 오는 거절감이나 실패에 대한 두려움, 죄책감, 상실감 등에서 오는 고통을 감추는 기능을 하기 때문이다. 예를 들면 엄마가 필요 이상 딸에게 소리를 지르며 분노를 폭발시키면서 불쾌한 우울감을 잊을 수 있다. 수치심으로 가득한 아버지가 아들에게 화를 내면서 자신의 수치심을 감출 수 있다. 이러한 이유로 분노가 폭발한 후 안도감이 찾아와 스트레스가 풀리는 것처럼 느껴지기도 하는 것이다. 이처럼 분노는 고통스러운 감정을 숨기거나 또는 멈추게 할 수 있는 도구가 되기도 한다. 그러나 부모의 고통스러운 정서를 숨기는 도구로 분노를 자주 사용하게 되면, 분노가 하나의 습관이 된다. 습관이 된 분노의 더 큰 문제점은, 이미 가지고 있던 수치심이나 우울감 위에 그것을 감추려고 지금 폭발한 분

노 때문에 만들어진 새로운 상처 하나가 더 늘어나게 된다는 것이
다. 이것이 악순환을 만들어 가족이나 주변 사람은 당신을 멀리
하게 되고 고통스러운 정서는 더욱더 악화된다.

자녀의 잘못을 꾸짖다 보면 화를 낼 수밖에 없다?

방학 중에 집에서 부모-자녀가 함께 생활하다 보면 하루에도
여러 번 자녀는 부모를 실망시킨다. 부모가 보기에 마음에 들지
않는 자녀의 행동이 눈에 많이 뜨이기 때문이다. 게임에 빠져 있
거나 거친 말투, 게으름, 버릇없는 행동 등을 볼 때마다 부모는 분
노를 참기 힘들다. 점점 더 심하게 되면 속이 부글부글 끓고 고통
스럽고, 그러다가 더 이상 참기 어렵게 되면 분노가 폭발하여 매
를 대기도 한다. 이러한 분노 폭발의 문제는 자녀의 잘못된 행동
을 고쳐 주고 변화시켜 주기 위한 훈계의 수준을 훨씬 넘어서는
폭력으로 발전하기 쉽다는 데 있다.

이러한 일이 생기면 자녀 입장에서는 자신이 저지른 실수나 잘
못을 인정하기보다는 부모의 분노 폭발을 더 큰 문제로 삼기 때문
에 교육적인 훈계의 효과는 없고 부모-자녀 간 관계만 불편해진
다. 이러한 상태에서는 정상적인 훈계나 지도가 어렵게 된다. 이
것이 쌓이면 극단적인 경우 분노가 적개심, 또 증오로까지 점진적
으로 악화되는 사례도 있다.

부모 자신의 학창 시절을 떠올려 보면 쉽게 이해할 수 있다. 지

금은 없어졌지만 옛날 학교 교실에서는 교사가 학생들에게 분노를 폭발하다가 물리적인 폭력을 사용하기도 했었다. 교사가 학생들 앞에서 분노를 폭발하기 시작하면 교실 분위기는 금방 싸늘하게 식고 일부 학생은 공포감마저 느낀다. 이러한 분위기에서 학생들은 조용히 선생님의 말씀에 귀를 기울이게 된다. 이런 모습을 보고 학생들을 장악하여 효과적인 수업 분위기를 만들어 가는 것처럼 생각하면서 이런 폭력을 습관적으로 사용하는 교사들도 있었다. 이처럼 분노를 사용하는 것이 교사가 원하는 대로 수업 분위기를 끌어가는 데 효과가 있는 듯 보인다. 그러나 이것은 선생님의 요구에 무조건 복종하도록 강요하는 것이기 때문에 장기적으로는 학생들로 하여금 교사를 멀리 하게 하고, 마음의 문을 걸어 잠그게 만든다. '시체놀이'라는 말을 들어 보았는가? 선생님에게 혼나지 않을 정도로 그냥 앉아 있는 것이다. 교사와 학생 사이에 따뜻한 교류가 없고, 아이들도 배우려는 마음이 사라졌기 때문에 수업을 통해 배움이나 진정한 성장을 기대하기는 어렵다. 좀 더 나아가면 학생들은 수업 시간마다 선생님이 공포 분위기를 만드는 것에 분개하기에 이른다.

교사는 학생들에게 화를 내고 학생들은 화를 내는 선생님을 보며 두려움과 함께 분노감을 쌓아 가는 교실을 상상해 보자. 이러한 교사–학생 간 불편한 감정이 오가는 수업을 받아 본 적이 있는가?

이러한 분위기 속에서 오랫동안 수업을 진행하게 되면 교사는 피곤에 지치고 무기력한 감정을 느끼게 된다. 수업이 즐겁지 않고 교사 생활이 불행하게 된다.

가정에서 부모-자녀 간의 관계도 이러한 정서적 교류가 똑같이 작용한다. 부모가 내면의 상처를 치유하고 분노를 어떻게 다스리고 표현해야 하는지 배우고 훈련해야 할 중요한 이유가 여기에 있다. 대부분의 부모는 자녀를 잘 키워 보겠다는 마음에서 훈계를 시작하다 분노를 폭발한다. 또는 눈에 거슬리는 행동을 교정해 주려는 과정에서 분노가 폭발한다. 처음 의도는 선의로 시작하기 때문에 그로 인한 분노가 긍정적인 면이 있는 듯하지만 결국에는 처음 의도했던 효과는 없어지고 자녀와의 관계만 나빠지는 결과를 가져온다는 것을 이해했을 것이다.

분노를 효과적으로 관리하고 건강한 방법으로 표현하기 위해 다음 질문에 답을 해 보자. 그 후 모둠 활동을 통해 각자 자신에게 있는 분노를 만들어 내는 성향과 패턴을 찾아본다. 이것을 그룹 안에서 다른 사람들에게 말로 표현하고 공감과 지지를 받으면서 동시에 피드백도 받아 보자. 이것이 분노를 잘 다스리는 첫걸음이 된다.

- '분노에 대한 오해'의 공통적인 문제는 무엇인가?
- '분노에 대한 오해' 중 나에게 해당하는 것은 무엇인가?

- 나의 분노 성향을 소개해 보자.
- 분노를 통해 얻은 것과 잃은 것은 무엇인가?
- 분노를 일으키는 생각이 반복적인가? 아니면 그때마다 다른가?
- 분노를 어떻게 다스릴 것인가? 구체적인 방법을 써 보자.

4. 분노 다스리기

"누군가를 사랑한다는 것은 상처 받을 각오를 하는 것이다."라는 말이 있다.

자녀를 향한 부모의 헌신과 희생의 대가가 반항으로 나타난다면 부모는 상처를 받는다. 부모는 그 배신감으로 상처받은 마음을 몇 배나 더 키워서 자녀에게 폭발하며 화를 낸다. 그렇게 되면 10대 자녀는 부모가 자신을 이해해 주지 못하고 화만 낸다고 생각하고, 속상함의 표시로 부모에게 더 크게 화를 낸다. 이처럼 부모-자식 간에 깊은 상처만을 남기게 될 화내기를 반복하며 지내는 사춘기를 둔 부모들을 종종 만난다. 반대로 청소년들의 하소연을 들어 보면 이러한 일은 특별한 가정에서만 일어나는 것이 아니다. 사춘기 자녀를 둔 가정이라면 평범한 부모도 조금씩은 경험하면서 살아간다는 것을 알 수 있다. 그러나 너무 심하게 폭발한 분노는 오랫동안 지워지지 않으며 부모-자녀 모두에게 후회와 죄책감만을 남긴다. 이것이 반복되어 악순환의 고리가 이어지면 부모-자녀 간의 좋은 관계는 기대하기 어렵다. 부모와 자녀의 관계가 멀어지면 자녀 교육은 더 이상 어렵게 된다.

부모가 자녀에게 분노를 폭발하는 것은 대부분 자녀의 행동이나 말에 실망을 느낀 감정일 확률이 높다. 특히 학교 성적이 부모의 기대에 못 미쳐서 실망한 분노가 상당히 흔하다. 너무나 사랑했기 때문에 실망도 그에 비례해서 큰 것이다. 또는 부모는 10대 자녀의 버릇없고 무책임하고 게으른 행동 때문에 화를 내고, 10대들은 부모의 행동이 불공평하거나 자기중심적이고 독선적이라고 생각할 때 화를 낸다.이러한 부모와 자녀의 서로를 향한 분노는 각자 서로가 자신의 생각대로 상대방이 마음이나 행동을 바꾸어 주기를 원하는 데에서 비롯한 것이다. 너무나 사랑하기 때문에. 그러나 안타깝게도 그러한 마음과는 정반대로 심한 분노 폭발로 인해 관계를 더 나쁘게 만들고 완전히 깨뜨리는 경우가 많다.

"초등학교 때까지는 화낼 일이 없었는데 중학생이 되고 나서는 날마다 화를 부추겨요. 못 살겠어요."

상처 주는 자녀, 화를 내는 부모의 원인은 '내면 아이'

"초등학교 때는 안 그랬는데, 왜 중학생이 되어서는 그렇게 미운 짓을 골라서 하는지 모르겠어요?" 이것은 자녀가 발달 과정에서 겪는 자연스런 일이다. 사춘기에 접어들면서 지적 능력이 점점 발달하면서 어린 시절과는 다르게 부모의 판단과 지시에 이의를 제기하고 반대 의사를 분명히 한다. 이것은 10대에게 독립심과 자기 정체성을 키워 주는 데 필수적인 과정이다. 자기 스스로 생각하고 자신의 일을 책임지고 결정하려고 한다. 그런데 부모는 이러한 자녀의 행동을 부모에게 대드는 버릇없는 행동이라고 단정한다. 10대 자녀의 행동이 부모에게 반항하고 게으르고 제멋대로 행동하고 무책임하다고 보는 순간 부모의 마음에는 분노가 일어나기 시작한다. 이때 부모가 분노를 통제하지 못하고 폭발시키면 자녀의 마음에 못을 박는 참담한 말을 퍼부으면서 자녀를 비참하게 만든다. 태중에서부터 지금까지 쏟아부었던 부모의 희생과 사랑을 자녀의 기억에서 한순간에 날려 버리는 일도 생긴다. 부모의 지나친 분노 폭발의 힘은 생각보다 강력해서 부모가 베풀었던 사랑의 기억을 모두 지워 버리고 원한만을 품게 만드는 경우도 있다. 혹시 '내' 부모가 어린 시절 나에게 했던 방법 그대로 지금의 '내' 자녀에게 하고 있다는 것을 느꼈다면 반드시 그 고리를 끊어야 한다. 당신에게 이러한 경향이 아직 남아 있다면 이 책을 끝까지 정독하고 '내면 치유 프로그램'을 실천하기를 권한다.

자녀의 분노에 대처하는 방법

사람마다 분노를 표출하는 방법은 다르다. 크게 두 가지로 나눌 수 있는데, 첫 번째는 분노를 밖으로 표출하는 성향과 두 번째는 입을 굳게 닫고 분노를 가슴에 품고 있는 성향이다. 대부분의 부모는 그동안 자신의 자녀가 분노를 어떻게 표현했는지 알고 있을 것이다. 학부모 교실 강의에서 만난 어떤 어머니는 이렇게 답답한 마음을 털어놓았다.

"교장 선생님, 아이는 중학교 3학년 아들인데 화가 나는 일이 생기면 입을 꽉 다물고 말을 안 해요. 왜 그러느냐고 몇 번이고 물어 봐도 말을 하지 않고 방으로 들어가 버려요. 입을 꽉 다물고 말을 안 하니 속이 터져요."

그런가 하면 옆에서 이야기를 듣고 있던 또 다른 어머니는 "말을 안 하는 게 나은 것 같아요. 우리 딸은 온 동네가 다 알아듣게 바락바락 소리를 질러 대요. 너무 날뛰어서 동네 사람들한테 부끄러워요."라고 말했다.

대부분의 청소년은 이렇듯 두 가지 극단적인 방식 중에 하나를 택하는 경향이 있다. 사춘기의 많은 10대가 분노 폭발 강도에서 정도의 차이는 있지만 이 두 가지 중 한쪽으로 치우친다.

분노를 밖으로 표출하는 10대를 어떻게 할까?

분노를 밖으로 표출하는 10대의 특징은, 부모의 말이나 행동에 불만이 쌓였을 때 큰 소리로 말하고, 심한 경우 크게 소리를 지르거나 물건을 던지면서 거친 표현을 쏟아 내기도 한다. 이러한 성향의 10대 중에는 극심한 분노를 참지 못하고 교실 유리창을 주먹으로 깨 버려 교실을 공포 분위기로 만들기도 한다. 집에서도 주먹으로 벽을 치거나 의자를 부숴 버리기도 한다. 손에 깁스를 하거나 붕대를 감고 온 학생을 조용히 불러서 무슨 일이냐고 물어보면, 자신의 행동을 후회하면서 다 털어놓는 등 순한 양처럼 보이기도 한다. 이런 아이가 왜 그렇게 분노했을까 궁금하여 상담해 보면, 결국 부모에 대한 불만이나 억울함을 키웠다가 참지 못하고 폭발한 경우가 대부분이다. 이런 파괴적인 방법을 바꾸지 않고 어른이 되면 결혼 후 가정에서 배우자나 자녀에게 똑같이 파괴적이고 폭력적인 방법을 쓰는 사람이 될 것이다. 더욱 염려되는 것은, 그 자녀들이 이것을 보고 자라서 부모가 하던 방법대로 똑같이 분노를 쏟아 내는 사람이 돼 대를 이어 갈 확률이 높다는 것이다. 분노를 밖으로 표출하는 모든 10대가 이와 같은 극단적인 방법을 쓰는 것은 아니지만 마음속에서 꿈틀거리는 폭력적이고 파괴적인 방법이 아닌 건강하고 긍정적인 방법으로 분노를 표현하는 방법을 가르쳐서 그 악순환의 고리를 끊어야 한다. 다음 방법은, 필자들이 현재까지 학교와 가정에서 사용하여 좋은 효과를 본 경험을 바탕으로 한 것이다.

'조용히 들어 준다'

가정이나 학교에서 10대 청소년이 부모나 교사에게 강한 불만을 표현하며 쏟아 내는 거친 말을 조용히 들어 준다는 것은 쉬운 일이 아니다. 30년 넘게 사춘기 10대들과 함께 지내며 그들의 고민을 상담해 주었고 경청의 중요성을 학부모와 교사들에게 꾸준히 강의해 온 필자들도 거칠게 뱉어 내는 그들의 말을 조용히 듣고 있다는 것이 쉬운 일은 아니다. 그동안 경험에 의하면, 분노를 표현하는 10대를 진정시키고 긍정적인 방법으로 분노를 표현하게 하는 가장 좋은 방법은 '경청'이라고 확신한다. 이를 위해서는 부모나 교사가 10대의 어떤 거친 말에도 동요하지 않고 그들의 말을 끝까지 경청할 수 있는 힘을 길러야 한다. 당신이 만약 '나는 도저히 그렇게 할 수 없다'라고 생각한다면 이 책을 여러 번 정독하고 내면 치유 프로그램을 성실하게 실천해 보기를 권한다.

예화 1

○○고등학교에서 근무하던 때의 일이다. 퇴근 시간 즈음에 교무실에서 업무를 보고 있는데 어떤 학생이 황급하게 달려와서 도

움을 요청했다. 채빈이가 이상하다는 것이다. 교실 책상을 다 뒤집어엎고 의자를 집어던지며 소리를 지르고 교실을 쑥대밭으로 만들었다는 것이다.

2층 교무실에서 4층의 2학년 1반 교실로 단숨에 달려가 보니 교실은 엉망이 되어 있었다. 책상과 의자가 뒤엉켜 있었고 채빈이는 교실 뒤쪽에 주저앉아 씩씩거리고 있었다. 나와 눈을 마주치자 소리를 지르며 억울하고 분하다며 통곡하기 시작했다. 울음을 그칠 때까지 채빈이 앞에 서서 기다려 주었다. 울음을 그치고 숨을 크게 몰아쉬는 채빈이를 일으켜 세워 의자에 앉히고 나도 쓰러진 의자 하나를 바르게 세워 놓고 아이 앞에 앉았다. 채빈이의 들썩거리는 어깨가 잦아들자 나는 채빈이에게 물었다.

"무슨 일이니?"

"…"

채빈이는 아직 화가 풀리지 않았는지 말없이 흐느끼며 한숨만 쉬었다. 잠시 후 채빈이는 입술을 깨물더니 또다시 울기 시작했다. 그러면서 자신이 담임 선생님에게 얼마나 억울한 일을 당했는지 쏟아 내기 시작했다. 나는 묵묵히 들어 주었다. 가끔 "담임 선생님이 너에 대한 선입견을 가지고 … 한 것이 속상했구나!", "넌 좋은 의도로 그 일을 했는데 이해받지 못했다는 거구나!"와 같이 간단한 말을 던져 주었다. 채빈이는 한참 동안 하고 싶은 이야기를 다 쏟아 내고 나서는 크게 숨을 쉬며 눈물을 닦았다. 나는 채빈이를 일으켜 세워 주며 화장실에 가서 세수를 하고 시원한 물도 마시고 오라고 했다. 한참 뒤 채빈이는 마음이 많이 진정되어 교실로 들어왔다. "채빈아! 오늘 집에 가서 담임 선생님께 하고 싶은 이야기를 편지글처럼 써 오거라." 이렇게 말하고 나는 책상과 의자를 정리하기 시작했다. 채빈이도 나를 따라서 쓰러진 책상과 의자를 정리하고 집으로 돌아갔다.

채빈이는 지금 32세가 되었고, 디자인 관련 회사에 취업하여 잘 다니고 있다. 채빈이는 지금도 그때 일을 떠올리며 "그 날 만일 선생님이 올라와서 제 이야기를 들어 주지 않으셨다면 무슨 일이 생겼을지도 몰라요."

이러한 경험을 여러 차례 겪어 본 필자는, 사춘기 청소년의 분노에 대한 효과적이고 교육적이며 긍정적인 영향력을 행사하는 가장 좋은 방법은 '경청'이라고 확신하게 되었다. 주먹으로 벽을 치며 분노를 폭발하는 아이, 유리창을 깨며 소리를 지르는 아이, 채빈이처럼 책상이나 의자에게 화풀이를 하는 아이 등등 다양하게 분노를 폭발하지만 그들의 어떠한 표현에도 흔들리지 않고 침착하게 왜 화가 났는지 '경청'하는 것이 가장 좋은 방법이라고 확신한다.

앞에서 예를 든 극단적인 행동을 하는 아이들보다 소리를 지르거나 씩씩거리며 말로만 표현하는 아이들은 다가가기 훨씬 쉽다. 어찌 되었던 그들이 표현하고 싶은 것이 무엇인지, 왜 화를 냈는지, 무엇이 억울하고 부당하다고 생각하는지 등을 잘 들어야 한다. 그들의 가슴에 있는 답답함은 부모나 교사가 잘 들어만 주어도 해결되는 경우가 많다. 분노를 촉발한 이유가 해결되지 않으면 사춘기 아이들의 분노를 잠재울 수 없기 때문에 그 원인을 알아내는 것이 가장 중요한데, 유일한 도구는 부모나 교사의 침착한 '경청'이다. 어쩌면 부모는 10대가 소리를 지르며 화를 내는 것을 고마워해야 할 것이다. 이러한 분노 표현을 통해 사춘기 자녀의 마음속에 무엇이 있는지, 무엇이 문제인지를 알 수 있기 때문이다.

그런데 대부분의 부모나 교사(특히 아버지)는 사춘기 자녀들이 분노를 표현하며 보인 문제 행동부터 고치려 하다가 이러한 좋은 기회를 놓치고 만다.

"이게 어디서 이따위로 행동을 해!"

"입 다물지 못해!"

이와 같이 말하며 그들의 태도부터 고치려고 접근하다 보면 부모나 교사가 함께 흥분하고 나중에는 아이와 같은 강도로 분노를 폭발하게 되는 경우가 있다. 이렇게 되면 부모-자녀 간 싸움으로 번지고, 분노하는 청소년을 지도하는 것은 불가능하다. 이러한 부모의 태도는 자녀에게 있는 분노의 원인을 말하려는 마음을 차단해 버리기 때문에 그들의 속마음을 알아낼 기회가 사라지고, 부모-자녀 모두에게 상처만 입히고, 폭력과 같은, 더 큰 문제로 확대되든지 한쪽 편(부모나 자녀)이 물러나 마음속에서 분노를 부글부글 끓어 올리며 관계가 깨어지든지 한다.

사춘기 청소년이 분노를 폭발하는 순간에는 제정신이 아니다.

어떠한 일도 벌일 것 같은 마음 상태다. 극단적인 행동을 할 수도 있다. 분노를 내면으로 가지고 들어가 가슴속에 품고 꼭꼭 가두어 두는 아이들 역시 아무런 일이 발생하지 않는 것처럼 보이지만 이런 상황에서는 자해나 자살 등 극단적인 행동을 할 수도 있다.

학부모 교실에서 필자와 함께 '분노 다스리기'를 공부하고 자녀와의 갈등을 잘 관리하는 부모는, 이런 순간에는 자녀의 말하는 태도 때문에 흥분하고 함께 화를 내기보다 자녀가 무슨 말을 하고 싶은지에 더 관심을 기울여서 분노의 원인을 찾아내는 기회로 만든다. 다시 한 번 강조하지만, 사춘기 자녀가 소리를 지르는 것은 부모에게 무언가 할 말이 있다는 뜻이다. 이럴 때 현명한 부모의 역할은 '경청'하는 것이다.

필자는 채빈이가 고등학교 1학년 때 담임을 맡았었기 때문에 채빈이에 대해서 잘 알고 있었다. 심하게 꾸중한 적도 있고, 말하는 습관을 고쳐 주려고 여러 차례 상담을 했던 기억도 있다. 1학년 때도 부당한 대우를 받거나 수치심을 느끼면 즉시 화를 폭발하는 학생이었다. 채빈이가 마음이 진정되고 정상적인 대화가 될 때 '분노 클리닉'과 '내면 치유 프로그램'을 가지고 꾸준히 상담을 했다. 그 덕분에 지금은 직장 동료들과도 잘 소통하며 좋은 관계로 지내며 건강하게 사회생활을 하는 어른으로 성장하였다. 부모나 교사 또는 청소년을 지도하는 사람들은 '내면 아이'를 치유하고 분노를 잘 다스리는 훈련을 반드시 받아야 한다.

입을 굳게 닫고 분노를 가슴에 품은 10대를 어떻게 할까?

화가 나면 입을 굳게 닫는 10대는 평소 조용하고 부모와의 갈등을 두려워하거나 부모에게 말해 봤자 아무 소용이 없다고 생각하며 지내 왔을 확률이 높다. 이처럼 부모가 자녀의 삶에 사사건건 개입하여 잔소리를 하거나, 자녀를 대신해 모든 것을 다 결정하여 리모컨으로 통제를 하면 10대들은 질식할 것 같은 마음에 무력감을 느끼고, 독립적이고 창의적인 생각을 키울 수 없게 된다.

10대들은 이럴 때 부모에게 반항하는 방법으로 입을 굳게 닫아 버리는 무기를 쓴다. 그러나 입을 꽉 다물고 분노를 가슴에 품는 것은 대단히 위험하다. 분노를 처리하지 않고 가슴속에 차곡차곡 쌓아 둔 채 상처를 점점 더 키울 수 있기 때문이다. 이렇게 마음속에 원망이나 적개심, 고립감을 느끼며 분노를 점점 더 키워 가다 보면, 나중에는 더 격렬하고 심각하게 폭발하거나 헤어 나올 수 없는 우울감이나 무기력에 빠져들 수 있다.

자녀가 입을 굳게 닫고 말을 하지 않으면 부모들은 걱정이 되기도 하고 마음이 답답하여 자녀에게 소리를 지르거나 화를 낸다. "말을 해라! 엄마가 답답해 죽겠다. 입은 왜 있는 거니?"라고 분노를 폭발하게 되는데, 이것은 자녀가 입을 굳게 닫고 침묵하는 저항이 성공했다는 것을 보여 주는 것이다. 입을 굳게 닫고 분노를 가슴에 품은 10대들에게는 어린 시절부터 부모와의 소통에 문제가 있거나 상처를 받은 경험이 있을 수 있다. 부모에게 불만이나 건의 사항을 이야기했는데, 부모가 심하게 화를 냈거나 억울하게 야단을 쳐서, 다시는 말을 하면 안 되겠다는 생각을 하게 되었을 것이다.

부모에게 심한 꾸중이나 질리도록 잔소리를 듣는 것보다 차라리 말을 하지 않는 것이 낫다고 결론을 내렸을 것이다. 아니 '다시는 말하지 않을 테야!'라고 굳게 다짐했을 것이다. "아이가 통 말을 안 해서 답답해 죽겠어요."라고 털어놓는 부모의 자녀가 학교에서는 친구들이나 선생님들과 이야기를 잘하는 경우가 있다. 이런 아이들에게 "집에서는 왜 부모님과 말을 않느냐?"라고 질문해보면, "엄마에겐 말을 해 보았자 소용이 없어요.", "아빠는 화부터 내서 말을 할 수가 없어요."라고 털어놓는 경우가 의외로 많다. 또다시 부모에게 그런 수치심이나 무시를 당하고 싶지 않다는 것이다.

이렇게 부모와의 대화를 거부하고 입을 닫고 지낸 시간이 오래될수록 관계는 불편해지고, 심하면 부모에게 적대감마저 품게 된다. 이렇게 부모-자녀 사이의 관계가 심하게 굳어진 상태에서 자녀의 입을 열게 한다는 것은 대단히 어렵다. 억지로 말을 시키려고 할수록 자녀는 더 높은 벽과 두꺼운 담을 쌓을 것이다. 이럴 때 가장 효과적으로 자녀의 입을 열게 하는 좋은 방법이 있다. 지금까지 자녀에게 사용했던 억지와 억압적인 대화 방법들을 시인하고 용서를 구하는 것이다.

입을 굳게 닫고 분노를 가슴에 품는 10대에게는 '부모의 진심 어린 사과와 용서를 구하는 일'이 가장 우선 되어야 한다. 교사-학생 사이에서도 같은 원리가 작용한다.

교사의 실수로 토라진 학생에게 "내가(교사) 너에게 사연도 물어 보지 않고 너무 심하게 화부터 내서 미안하구나."라고 말하는 것부터 시작하면 아주 쉽게 말문을 열 수 있다. 자녀에게 말로 잘못을 시인하고 용서를 구하는 것이 쑥스럽고 어렵다면 편지를 쓰는 것도 한 가지 방법이다. 필자가 부모의 역할에 대해 강의하는 '학부모 교실'에서는 참석자 모두가 자녀에게 용서의 편지를 쓰는 시간을 갖기도 했는데, 그동안 단 한 명도 사과할 일이 없는 부모는 없었다. 어떤 아버지는 편지를 쓰며 눈물을 보이기도 했다. "더 늦기 전에 우리 딸에게 빨리 나(아빠)의 잘못을 고백하고 관계를 회복해야 할 것 같습니다. 그동안 나(아빠) 때문에 얼마나 힘들었을까 생각하니….''라고 말하며 다시는 아빠가 기분 내키는 대로 딸에게 화풀이를 하지 않겠다고 다짐했다.

앞의 사례에서 자신에게 말을 하지 않는 딸과의 관계를 회복하기 위해 결심한 아빠와 같이 자녀가 입을 열고 말을 하게 하는 첫번째 열쇠는 '부모의 잘못을 고백'하는 것이다. 이때 주의해야 할 사항은 장황하게 변명하지 않는 것이다. 잘못하면 또 다른 잔소리가 되어 자녀가 더 말을 하지 않게 될 수도 있다. 다음 글은 학부모 교실에서 작성한 편지글인데, 참고로 하면 도움이 될 것이다.

나의 소중한 딸 경희야!

오늘 교장 선생님 강의를 듣고 그동안 아빠가 너에게 얼마나 많은 잘못을 했는지 알게 되었단다. 이 강의를 듣게 된 것도 너와 잘 지내고 싶어서였단다. 그동안 아빠가 직장에서 받은 스트레스나 엄마와의 관계에서 짜증 나는 일이 있을 때마다 너에게 화풀이를 한 적이 많다는 것을 알게 되었단다. 그동안 단 한 번도 부모의 역할에 대해 공부한 적이 없던 아빠는 오늘 강의를 통해 네 마음을 얼마나 상하게 했는지 알게 되었고, 이렇게 너에게 편지를 쓸 수 있는 시간이 있어 용기를 내어 이 글을 쓰게 되었단다.

사랑하는 딸 경희야!

앞으로는 네가 말을 할 때 적극적으로 경청할 것을 약속한다. 네가 마음을 터놓고 말을 할 수 있는 아빠가 되도록 노력할 거야. 네 생각을 존중하고 네가 말할 때 무시하거나 잘라버리며 화내지 않도록 노력할 것을 다짐했단다.

미안해! 그리고 사랑한다. 딸아!

0000. 10. 20. 아빠가

며칠 후 교문에서 만난 경희 표정은 환하고 밝았다. 무거운 짐 하나를 벗어 버려서 날아갈 것 같은 홀가분한 마음이었을 것이다. 부모의 조그마한 결심과 실천이 10대 자녀를 이렇게 행복하고 건강하게 자라게 할 수 있다. 그러나 많은 경우 이렇게 편지 한 번으로 관계가 회복되어 부모와 다정하게 말을 하기 시작한다고 기대하기는 어렵다. 다만 부모가 기다려 주면서 꾸준히 약속을 실천하고, 자녀가 좋아하고 관심을 가지고 있는 대상을 통해 부모의 사랑을 전달하면, 언젠가는 자녀가 마음을 열고 다가올 것이다. 한 번의 시도로 불가능하다고 포기를 하거나 자녀를 닦달해서는 안 된다. 사춘기 자녀는 부모의 진정성이 느껴지고 부모가 자신의 이야기에 귀 기울일 준비가 되어 있다고 확신하고 신뢰가 쌓이면 서서히 속마음을 이야기하기 시작한다.

#예화 2

내가 근무했던 ○○중학교에서는 저녁에 학부모를 초대하여 자녀와 함께 즐거운 게임도 하고 악기 연주나 음악 공연도 보고 저녁 식사도 함께하며 가족끼리 대화하는 프로그램을 진행한 적이 있었다. 여러 즐거운 활동의 마지막 프로그램은 그동안 대화가 적었던 부모와 자녀가 손을 잡고 침묵을 유지한 채 어두운 복도와 교정을 정해진 코스에 따라 한 바퀴 걷고 다시 강당으로 돌아오는 과제를 수행하는 것이었다. 엄마나 아빠 중 평소에 대화가 없던 부모와 자녀가 손을 잡고 걷는데, 코스 중간중간에는 촛불 길도 있고, 암흑처럼 캄캄한 계단을 말없이 둘이 손을 꼭 잡고 서로를 의지하며 조심해서 걸어야 하는 길도 있었다. 어떠한 말도 하지 않고 침묵하며 부모는 자녀의 마음을, 자녀는 부모의 마음을 손으로 느껴 보며 걷는 미션이었다.

'어두운 길 침묵하며 걷기' 미션이 끝나 강당으로 돌아와서 조용히 자리에 앉았다. 이후에 이어지는 순서는, 엄마·아빠는 자녀가 어떠한 이야기를 하던 무조건 들어 주기로 규칙을 정하고 사회자가 부모의 약속을 받아 낸 후 자녀가 부모에게 마음을 털어놓고 말하는 시간을 진행했다. 저녁 9시 30분을 넘어서고 있었을 때 나는 한 가족에게 관심이 있어서 그쪽으로 귀를 기울였다. 그 가족은 1학년 딸과 3학년 아들 그리고 아빠와 엄마가 참석했다. 아빠가 매우 엄하고 자주 체벌도 하여 아빠와 딸 사이가 좋지 않은 것을 알고 있었기 때문에 어떻게 진행될 것인지 궁금하여 주의 깊게 이야기를 들어 보았다.

부모와 자녀가 마음을 여는 즐거운 시간을 보냈고, 사회자의 지시에 의한 것이긴 하지만 아빠와 손을 잡고 어두운 교정을 한 바퀴 걷고 온 이후라서 그런지 1학년 딸아이가 용기를 내어 아빠의 눈을 바라보며 말을 하기 시작했다. "아빠! … 난… 아빠가… 너무 무서워요." 눈물을 흘린다. 조심스럽게 또 아빠에게 말을 한다. "친구들은… 저녁 8시가 넘어서… 집에 들어가도 괜찮은데… 나는 해가 진 후에 들어가면 종아리를 맞잖아요. 그게… 너무 싫고… 무서워요." 중간중간 말이 끊어질 듯 이어지며 떨리는 음성으로 말하는 딸의 이야기를 아빠는 많이 미안해하는 표정으로 계속 듣고 있었다.

이어서 사회자의 진행에 따라 부모가 자녀에게 말하는 시간을 가졌다. 그런데 아빠가 딸에게 "아빠가 화부터 내서 미안하다. 앞으로는 때리지 않고 말로 할게. 너를 사랑한다는 것이 그렇게 되었어. 이제부터는 너의 이야기를 많이 들어 볼게."라고 말하는 게 아닌가.

그날 이후 그 아이의 표정은 매우 밝아졌다. 공부에 더욱 집중하고 성적도 많이 향상되었다.

30년 이상 사춘기 청소년들과 함께 지내면서 필자는 이러한 사례를 많이 볼 수 있었다. 자녀와 함께 좋은 프로그램에 참여하는 것만으로도 문제가 해결되는 경우도 있고 오랜 시간 인내하며 기다려 주어야 하는 경우도 있다. 그러나 관계 회복에 걸리는 시간의 길이에 관계없이 자녀가 입을 열고 말을 하게 하는 데에 부모가 해야 할 첫 번째 일은 '부모의 잘못을 고백'하는 것이라고 확신하게 되었다. 대부분의 사춘기 청소년은 부모의 진정성 있는 사과에 마음을 열고 말을 하는 것으로 보답한다.

부모가 화난 것은 자녀 탓이다?

부모-자녀 간의 관계를 파괴하는 가장 해로운 것은 분노의 원인을 상대방에게 떠넘기며 서로를 탓하며 갈등을 키워 가는 것이다. 분노의 원인을 자녀 또는 부모 때문이라고 생각하며 상대방을 비난하는 것은 잘못된 신념에서 시작된다. 예를 들면, 자녀가 부모를 속상하게 하려고 고의적으로 부모가 싫어하는 일을 했다고 생각하는 것이다.

"너는 지각할까 봐 차 태워 달라고 해 놓고, 그렇게 늑장을 부리냐? 옷 입는 데 하루 종일 걸리겠다! 학생이 무슨 화장을 그렇게 오래 하니? 네가 알아서 버스 타고 가! 엄마도 바빠!"

이렇게 되면 부모는 자녀를 비난하는 것밖에 안 되고, 자녀도 화가 나서 부모의 말에 귀를 기울이지 않고 자신의 행동을 고치려고도 하지 않을 것이다. 그런데 마음에 들지 않는 자녀의 행동을 비난하는 것으로 부모의 기분이 좀 나아지기도 하지만, 장기적으로 보면 결국 자녀를 어떻게도 할 수 없다는 생각에 무력감을 느끼게 한다. 자녀를 비난하는 것만으로는 부모가 직면한 분노의 상황을 바꿀 수 없다는 것을 깨닫는 순간 훈계나 가르치기를 포기하고 싶은 마음이 들기 때문이다. 이렇게 되면 부모는 원래 가지고 있던 분노의 감정과, 화가 난 상황을 해결하려다가 심하게 저항하는 자녀로 인해 또 하나의 갈등이 만들어지는 두 가지 문제를 갖게 된다.

대부분의 자녀는 부모를 괴롭히거나 속상하게 하려고 고의적으로 부모가 싫어하는 일을 하지는 않는다. 자녀는 나름대로 그들이 할 수 있는 최선을 다하고 있는 것이다. 이것을 인정하면 자신의 분노를 자녀의 탓으로 돌리는 것이 줄어들 것이다. 사춘기 자녀는 그저 자신의 필요에 따라 그때그때 행동하는 것이지 부모의 분노를 자극할 생각은 없다. 이것을 명심하면 도움이 된다. 다음과 같은 말을 마음속으로 계속해서 말하라.

"민영(자녀 이름)이는 그 애가 할 수 있는 최선을 다하고 있는 것이다."

"민영이는 자신이 필요한 일을 하고 있을 뿐이다. 나도 내가 할 일을 하자."

5. 상상하고 확대하며 분노하는 부모

대학 가긴 다 글렀다. 때려치워라

자녀의 행동이나 어떤 상황에 대해 최악의 결론으로 상상하고 확대, 추측하면서 마치 그렇게 결론 난 것처럼 화를 내는 경우가 있다. 아직 일이 진행되지도 않았는데 결론이 나쁘게 난 것처럼 왜곡하는 등 확대, 과장된 생각을 사실로 받아들이고 분노를 폭발하는 것이다.

"야! 이게 성적이냐? 이래 가지고 대학 가기는 다 글렀다. 때려치워라! 넌 끝났다. 깜깜하다. 뭐 먹고살래?"

이제 중학교 2학년인 자녀에게 아직도 까마득한 대학 입학과 취업까지 거론하며 나쁜 결론으로 상상하고 확대하며 분노하는 것이다. 열심히 공부하지 않는 자녀에게 그동안 쌓였던 불만을 터트리며 화를 내는 것인데, 이렇게 화를 내면 자녀가 열심히 공부하겠다는 마음이 들 것인가 생각해 봐야 한다. 위와 같은 부모의 말에 "네! 아버님, 이제부터는 열심히 공부하겠습니다."라고 말할 사춘기 청소년이 있겠는가? 부모가 이런 식으로 화를 내면 '좀 더 열심히 공부했으면 좋겠다'는 부모의 마음은 전달되지 않고 오히려 반감만 불러일으켜서 더 안 좋은 방향으로 나가는 경우를 종종 본다. 좀 더 침착하게 지금의 사실을 객관적으로 평가하고, 어떤 말을 사용해야 부모로서 자신의 마음이 잘 전달될 것인가를 고려해야 한다. 지금의 성적에만 몰입하여 분노하기 보다는 자녀와의 관계를 가장 중요하게 생각하며 멀리 내다보고 여유를 가지는 것이 필요하다. '지금 성적은 마음에 들지 않지만 ○○을 잘하고 있지 않은가?', '성적이 좀 안 좋게 나왔다고 인생이 끝난 건 아니잖아!', '지금은 성적이 좋지 않지만 언젠가는 열심히 하겠지.'라고 생각하면 분노를 조절하는 데 도움이 될 것이다.

명령하며 화내기

어떤 부모는, 자녀는 어떻게 행동해야만 하고, 어떠한 규칙을 반드시 지켜야 한다는 나름대로의 높은 기준을 정해 놓고, 그것을 자녀에게 강요하고 명령하면서 화를 낸다.

"그런 식으로 하면 안 돼!"
"쓸데없는 짓 하지 마라! 그건 반드시 실패한다."
"그건 잘못이야. 내 말대로 해!"

부모의 명령하는 말투에 익숙해진 자녀의 마음속에는 거부감이나 반항심이 자리 잡게 된다. 따라서 어떻게 해서든지 부모의 명령을 거스르고 뒤로 미루며 따르지 않으려고 한다. 자녀 입장에서 보면, 단지 부모라는 이유로 지키기 어려운 규칙을 일방적으로 정해 놓고 무조건 따라야 한다고 강요한다면 짜증부터 나면서 반항하게 될 것이다. 당신의 자녀는 반드시 부모가 생각하고 원하는 대로 따라야 한다는 생각을 버려야 한다. 그렇게 순종적인 (엄밀히 말하면 복종에 가까운) 자녀는 독립심이나 자발성, 창의적인 사고를 할 수 없게 된다.

습관적으로 자녀에게 명령하며 분노하고 있다면 다음과 같이 생각을 바꾸어 보라. 그리고 거울을 보며 크게 말하던지 속으로 계속하여 말하라. 마음이 평정을 찾을 때까지 계속 자신에게 말해 보라.

"영식이도 나름대로 생각한 것이 있을 거야."

"영식이가 하고 있는 것이 내 맘에 들지는 않지만, 잘못된 것도 아니다."

"이 아이가 내 방식대로 따라야 할 어떤 이유도 없지 않은가?"

"지금이 어떤 시대인데 나는 옛날 방식을 고집하는가?"

이웃집 아이와 비교하면서 화내기

> 엄마 : 애야! 앞집 904호 소영이는 엄마 일을 잘 도와준다더
> 라. 방청소나 설거지도 한대. 너도 컴퓨터 그만하고 어서 와
> 서 엄마 좀 도와라.
> 딸 : 나 지금 바빠! 소영이 데려다가 딸 삼아.
> 엄마 :
> 딸 :

이 대화에서 엄마의 숨겨진 분노를 찾아보자. 그리고 딸의 대답에 엄마가 할 대답을 빈칸에 자신의 말로 적어 보라. 그리고 이어지는 딸의 말을 빈칸에 상상하여 적어 보라. 다른 아이와 비교하여 마음을 상하게 하며 지시하는 듯한 엄마의 말에 딸은 어떠한 반응을 보였나? 딸의 마음은 어떨까? 자신의 바쁜 일은 이해받지 못한 채 비교당하고 무시하는 듯한, 엄마의 말에 딸은 화가 났을

것이다.

> 나는 왜 화가 날까? : 이렇게 자문하는 것은 내면의 상태를 볼
> 수 있는 좋은 기회가 된다.

사춘기 자녀를 둔 대부분의 부모는 자녀와의 갈등을 경험했을 것이다. 특히 권위적인 부모일수록 민주적으로 의사소통을 하는 부모보다 더 많은 갈등과 그에 따른 분노를 경험했을 개연성이 크다. 부모의 마음은 다들 비슷할 것이다. 사랑하는 자녀가 잘 성장하여 풍요로운 삶을 살아가도록 해 주고 싶은 마음에 잘 키워 보려고 노력한다. 그런데 뜻하지 않게 갈등이 일어나면 부모는 실망과 배신감에 더욱 큰 분노를 느끼게 된다.

이처럼 부모-자녀 간의 관계를 불편하게 만드는 분노는 저절로 해결되지 않는다. 내면 진단과 치유 그리고 훈련과 노력이 필요하다. 부모가 화를 내는 원인을 찾아 분석하고 잘 다스릴 수 있게 된다면 가정에는 행복이 찾아오고 기쁨이 넘치는 생활을 할 수 있을 것이다.

적용하기

1. 당신이 자녀에게 화를 내는 주된 이유는 무엇인가? 최근에 화를 낸 일들의 공통적인 주제가 있는가? 혹시 다음의 것은

아니었나?

'자녀를 내 마음대로 통제하려고 하는데 잘 안 되어 화가 나는' 상황을 다음과 같이 표현하지는 않은가?

"통 말을 안 들어서…."

"자기 마음대로 하려고 그래요."

2. 당신은 자녀와 의견이 다를 때 주로 어떻게 하는가? 최근 자녀와 의견 충돌이 있었던 경험을 적어 보자

언제:

장소:

충돌 내용:

결과:

3. 이러한 사건과 비슷한 경험을 당신 부모(어머니는 친정 부모, 아버지는 친부모)와의 관계에서 경험한 적이 있는가?

몇 살 때:

어디서:

충돌 내용:

결과:

4. 다음 내용 중에서 당신의 어린 시절 부모님과의 관계에 해당하는 것에 ◯표 하세요.

- 부모님의 말씀에 이유를 묻지 않고 무조건 충실히 따랐다. (　)
- 나의 생각을 이야기하다가 야단을 들었고, 결국 후회하거나 속으로 자주 화를 낸 경험이 있다. (　)
- 나의 생각을 말했으나 부모님에게 무시당한 경험이 많다. (　)
- 부모, 형제 중에 마음을 터놓고 말할 대상이 없었다. (　)
- 나는 집에서 부모님에게 항상 평가를 받는다는 느낌이 들었다. (　)
- 나는 혼자 있을 때가 가장 편안했다. (　)
- 나는 부모님에게 어떻게 말할 것인가를 미리 준비해서 말했다. (　)
- 부모님과 오랫동안 말하지 않고 지내다가 불편한 관계가 된 경험이 자주 있다. (　)
- 부모님이 나에게 중요하게 생각하는 것은 말을 잘 듣거나 좋은 성적을 거두는 것뿐이라는 생각을 자주 했다. (　)

총 (　)개

○가 5개 이상이라면 쉽게 분노할 환경에서 자랐으며, 지금 나의 자녀에게도 부모님이 자신에게 했던 행동을 그대로 답습할 가능성이 높다.

5. 자녀의 입장에서 분석해 보자. 당신이 어린 시절 부모님과의 관계에서 나타났던 갈등이 지금 당신과 자녀와의 관계에서 비슷하게 나타나는 것은 무엇 때문인가? 이 체크리스트에 붉은색으로 표시해 보자. 그리고 다음의 내용을 주의 깊게 읽고 답해 보자.

- 자녀의 행동이 마음에 들지 않는 이유는 무엇인가?
- 나의 생각대로 자녀가 따르도록 강요할 때 어떤 방법을 사용하는가?(예: 억압적 대화, 비판, 무시하기, 용돈 등으로 협박, 소리 지르기 등)

부모가 자녀를 교육한다는 명목으로 자신의 소유물처럼 지배하거나 강하게 통제하는 경우가 있다. 자녀를 있는 그대로 인정해 주고 존중해 주는 것의 중요성은 앞에서 누차 이야기했다. 부모와 자녀와의 사이에서 가장 중요한 것은 좋은 관계를 유지하는 것이라고 강조했다. 그런데 많은 부모가 자녀와 좋은 관계를 형성하기보다는 자녀가 좋은 성적을 거두는 것에 목표를 두고 자신의 기대치에 도달하지 못하면 화부터 낸다.

또 하나는 내 자녀가 나와 다를 수 있다는 것을 인정하지 못해서 화를 내는 것이다. 요즘에는 한 살 차이만 나도 세대 차이가 난다고 한다. 하물며 내가 낳은 자식이지만 부모가 자라던 시대와는 세상이 너무 많이 달라졌다. 따라서 다음 세대를 살아갈 내 자녀가 부모와 같은 생각을 하고, 삶의 스타일이 같기를 기대하는 것은 무리다. 돈을 쓰는 습관부터 가난했던 부모의 어린 시절과는 너무나 다르다. 태어날 때부터 이미 존재했던 휴대전화나 스마트폰과는 한 몸처럼 살아간다. 옷 입는 것, 먹는 것, 공부에 대한 생각, 직업관 등 부모 세대와는 너무 다른 생각과 세계관을 갖고 있다. 지금 세대는 부모와는 다르게 자녀들에게 선택의 여지를 주지 않고 강압적인 방법이나 체벌을 사용했던 옛날 부모들의 양육 방식 등 그 어느 하나 부모 세대와 같은 것이 없다. 이렇듯 빠른 문명의 변화 속에서 부모 세대와 같은 삶의 방식을 추구하기를 기대하는 것이 오히려 문제일 수 있다.

6. 다음 대화 기록지에 최근 자녀와 갈등 상황에서 이야기한 내용을 기록해 보자.

- 해결책을 제시한 대화에 붉은색으로 밑줄을 그어 보자.

- 자녀를 지배하려는 말에 붉은색으로 밑줄을 그어 보자.

- 자녀의 감정을 받아 주고 공감한 대화에 붉은색으로 밑줄

을 그어 보자.

- 자녀와의 대화에서 부모의 느낌이나 감정을 표현하기보다는 어떤 해결책을 제시하거나 지배하려고 하지는 않았나?

[표 1] 대화 기록지

2017년 월 일	장소	시간		대상	
나	너 이걸 성적이라고 가져 왔니?				
자녀(이름)	….				
나	왜 대답이 없니?				
자녀(이름)	아~ 짜증 나!!				
나					
자녀(이름)					
나					
자녀(이름)					

모든 사람은 다른 사람으로부터 지배를 받거나 억압당하는 것을 싫어한다. 그러나 많은 부모의 '자녀와의 대화'를 분석해 보면 억압하고 통제하며 지배하려는 마음으로 가득 차 있다는 것을 발견할 수 있다. 이러한 대화의 방법들이 부모-자녀 간의 좋은 관계를 해친다.

화가 날 때 '나는' 어떻게 하는가? 분노에 대처하는 방식

회피하기

이 방식은 자녀의 감정을 상하게 하지 않으려는 마음에서 나온다. 갈등이 싫어 회피하는 부모는 자신이 원하는 것에 대해 어느 것도 말하지 않고 속으로 삭힌다. 분노를 회피하는 부모는 겉으로 보기에는 착하고 친절하며 유순한 사람으로 평가된다. 부모가 분노를 회피하는 방법을 택하면, 자녀는 부모가 어떠한 분노를 느끼는지, 무슨 생각을 하고 있는지 모르게 된다. 부모는 자녀에게 원하는 것이 무엇인지 말하지 않고 분노의 덩어리만 키워 가고 있는 것이다. 이처럼 분노를 피하거나 참는 등 분노에 소극적으로 대처하는 부모는 마음속에 분노를 가득 쌓아 놓게 된다. 자신의 생각이나 원하는 바를 직접 말하지 않고 갈등이 불편하거나 두려워 피하게 되면 분노와 고통만 마음에 쌓인다. 이렇게 차곡차곡 쌓인 분노로 좌절감이나 무기력감을 느끼고 있다가 어느 순간 심하게 폭발할 수도 있다.

공격하기

부모가 자신의 생각을 관철시키기 위해 자녀에게 큰 소리로 요구하거나 자녀를 밀어붙이는 방법이다. 분노를 공격적으로 사용하는 부모는 자신이 원하는 대로 잘 따라 주지 않는 자녀에게 벌을 주거나 언어폭력, 신체 폭력을 쓰는 것이 특징이다. 이처럼 부모가 공격적인 방식을 쓰면 어린 자녀는 부모가 원하는 대로 이끌려 간다. 그러나 자녀가 점점 자라 사춘기에 들어서면 직접 또는 간접적으로 저항하며 반박할 방법을 찾게 된다. 이렇게 하여 부모-자녀 간 갈등의 골이 깊어지고 관계는 점점 더 멀어지게 된다. 부모를 피하려고 하든지 심하게 저항하든지 할 것이다. 마음이 약한 자녀는 부모의 말에 복종하기도 하지만, 부모 입장에서는 자신을 존경해서 순응하는 것인지 아니면 무서워서 따르는 것인지 알 수 없게 된다.

표현하기

부모가 자신의 생각이나 바람을 자녀에게 얘기한다고 해서 부모-자녀 간의 좋은 관계가 깨지지는 않는다. 단지 어떻게 표현하느냐가 중요하다. 부모가 자신의 분노를 건강하게 표현하는 방법만 안다면 자녀에게 화를 내지 않고도 갈등을 해결할 수 있다. 즉 부모가 원하는 것을 자녀에게 말하고, 자녀는 마음을 상하지 않고 따르게 되는 방법이다. 이 방법의 특징은 자녀를 비난하지 않고 부모 자신도 마음의 상처를 입지 않는 것이다. 또한 자녀를 무시하지 않으면서 분명한 경계를 설정해 줄 수 있다.

건강하게 자기의 마음을 표현하는 것은 분명하고 직접적이면서도 공격적이거나 회피하지 않는 좋은 방법이다. 다음을 잘 숙지하고 자연스럽게 될 때까지 연습해 보자.

- 자녀의 말이나 행동에 대해 객관적으로 사실(fact)만을 말해야 한다. 주의해야 할 사항으로는 그동안 참았던 과거에 잘못한 일까지 끌어다가 한꺼번에 터트리며 질책한다든지, 자녀의 약점을 들추어 비하하거나 조롱하면서 말하지 말아야 한다.
- 자녀의 행동이 부모에게 어떤 영향을 끼쳤는지 감정(feeling)을 표현하여 깨닫게 한다. 이렇게 부모의 감정을 표현하면 자녀는 비난을 받지 않기 때문에 덜 방어적이 된다.
- 구체적이면서도 합리적으로 가능한 행동의 변화를 요구한다.
- 한 번에 한 가지만 요구한다.

때로는 협상 기술이 필요하다

협상은 부모-자녀 간 갈등이 생겼을 경우 서로에게 상처를 주지 않고 각자의 욕구나 얻고자 하는 것이 무엇인지 찾아가는 과정이다. 부모의 욕구만큼이나 자녀의 욕구도 중요하기 때문에 서로를 존중하는 마음을 가지고 시작해야 한다. 다음에 나오는 협상기록표 [표 2]를 이용하여 협상해 보라.

[표 2] 협상 기록표

	부모	자녀
원하는 것 기록 (구체적으로)		
원하는 것 말로 바꾸어 표현하기		
상대방의 말을 듣고 느낀 점		
해결을 위한 제안 또는 요구		
해결을 위해 노력해야 할 것		
타협하기		

자녀와의 대화 스타일 성찰

당신에게 해당하는 것은?

- 나는 자녀의 행동은 즉시 고쳐 주는 것이 부모의 책임이라고 생각한다.( )
- 나는 마음에 들지 않는 자녀의 행동을 보면 즉시 화를 낸

다.(　)

- 자녀가 나에게 예의를 갖추지 않거나 친절하지 않으면 오랫동안 화를 삭이며 속을 끓인다.(　)
- 나는 자녀에게 화가 나면 말을 하지 않고 침묵한다.(　)
- 자녀가 하는 말에서 틀린 점을 발견하면 지적하며 고쳐 준다.(　)
- 자녀가 내 말을 잘 듣지 않으면 나도 아무것도 해 주지 않는다.(　)
- 자녀가 나에게 명령하는 투로 말하면 가만히 두지 않는다.(　)
- 나는 자녀와의 논쟁에서 지면 불평하며 계속 잔소리를 한다.(　)

총 (　)개

　내가 체크한 항목에서 문제가 되는 것을 찾아보자. 어떻게 바꾸고 싶은가? 체크한 항목이 4개 이상이라면 당신은 쉽게 분노할 환경을 만들고 있는 것이다. 이 책의 내면 치유 프로그램을 실천하면서 다음과 같이 마음을 바꾸면 자녀에게 화내는 일을 줄일 수 있다.

- 사춘기 자녀가 부모의 통제에서 벗어나려는 욕구는 지극히 정상적인 현상이다.

- '이것이 진짜 화를 낼 일인가?'를 자신에게 세 번 질문하고 말한다.
- 부모가 강제로 자녀의 행동을 바꾸려 하면 관계만 나빠진다.
- 사랑과 존중이 담긴 단호한 태도는 자녀에게 부모의 분명한 의사를 전달하는 데 효과적이다.
- 자녀의 말을 잘 경청하고 공감해 주는 것만으로도 좋은 결과를 가져온다.
- 부모의 신뢰받는 행동과 헌신적인 책임감이 자녀의 마음을 움직이는 동력이 된다.
- 사춘기 자녀에게는 자유와 책임감의 균형이 필요하다.
- 받아들일 준비가 덜 된 자녀에게 부모의 생각이나 감정을 강압적인 태도로 주장하는 것은 전혀 도움이 되지 않는다.
- 내가 할 수 있는 것과 할 수 없는 것을 잘 판단해야 한다.
- 화를 내서 자녀의 행동을 바꿀 수 있었던 것과 불가능했던 것을 적어 보라.

[표 3] 부모가 할 수 있는 것과 할 수 없는 것

부모가 할 수 있는 것	부모가 할 수 없는 것
• 부모 자신을 변화시키는 것 • 내 마음대로 안 될 때 나의 생각이나 행동 양식을 바꾸는 것	• 자녀를 부모의 생각대로 변화시키는 것 • 부모나 자녀의 과거를 되돌리는 것 • 언제나 내 마음대로 하는 것

[표 4] 화를 내어 바꿀 수 있는 것과 바꿀 수 없는 것

화를 내어 바꿀 수 있었던 것	화를 내도 바꿀 수 없었던 것

분노를 가라앉히는 방법

- 크게 심호흡을 하며 1부터 100까지 천천히 숫자를 헤아리
  며 다음과 같은 질문을 한다.
  "이렇게까지 꼭 화를 내야 하는 상황인가?"
  "이렇게까지 화를 낼 가치가 있는가?"
  다른 대안은 없는지 자신에게 질문한다.
- 소리 내어 'stop'을 외치든지 마음속으로 말하며, 그 자리
  를 떠나 다른 곳으로 간다.
- 관심을 다른 것으로 돌린다.

사람은 두 가지 생각을 동시에 하기 어렵다. 따라서 분노를 일으
키는 상황이 아닌, 그동안 즐거웠던 일이나 재미있었던 일을 생각
하며 자신의 관심을 다른 곳으로 돌리며 분노를 분산시킨다.

- "나는 분노를 털어 버릴 수 있다!"라고 되풀이해서 말한다.

- 운동을 한다. 걷기, 달리기, 등산, 배드민턴 등 자신이 좋아하는 운동을 한다.
- 신문 찢기, 차 안에서 소리 지르기, 드럼이나 북 등 타악기 힘차게 두드리기
- 마음을 편안하게 하는 좋은 책 읽기, 자신 또는 상대방에게 편지 쓰기
- 상대방의 행동에 대한 나의 판단이 틀릴 수도 있다고 여지를 둔다.
- 봉사 활동을 하면서 다양한 경험을 한다.
- 좋은 친구에게 속마음 털어놓기. 마음을 터놓고 말할 수 있는 친구를 만나서 화가 난 동기와 이유 등 속마음을 털어놓는다.
- 오늘이 세상의 마지막 날이고, 내일이면 이 사람도 더 이상 볼 수 없는 것처럼 생각하라.
- 유머 감각을 개발하여 사용하라.

비현실적인 생각 버리기

다음과 같은 비합리적인 신념을 버리면 분노를 다스리는 데 도움이 된다.

- 나의 자녀는 반드시 공부를 잘하고 성공해야 한다.
- 자녀가 원하는 모든 것을 들어 줄 수 없는 나는 부모 자격

이 없다.

- 나는 자녀에게 존중과 인정을 받아야 한다. 그렇지 못하면 나는 실패한 인생이다.
- 나의 자녀는 부모인 나에게 항상 친절하고 순종적이어야 한다.
- 내가 화를 내는 것은 자녀 때문이다.
- 자녀가 화를 내는 것은 나(부모)를 무시하기 때문이다.
- 부모가 한 번 말하면 자녀는 즉시 알아듣고 달라져야 한다.
- 자녀에게 거부를 당한다는 것은 부모로서 심각한 문제가 있기 때문이다.
- 사춘기 자녀의 행동이 바뀌지 않으면 우리 가정은 행복할 수 없다.
- 학교 성적이 최하위권인 자녀에게는 더 이상 기대할 것이 없다.
- 훌륭한 부모는 화를 내지 않는다. 화를 낸다는 것은 부모로서 자격 미달이다.

분노를 건강하게 표현하기

부모에게는 자녀를 받아 줄 수 있는 마음의 폭이 있다. 토머스 고든은 이것을 '부모의 수용성'이라고 했다. 부모의 몸과 마음이 지쳐 있거나 처리해야 할 일에 중압감을 느낄 때는 자녀의 행동을 받아 줄 수 있는 마음의 폭이 좁아져서 수용성이 작아지게 되고 그에 따라 분노가 많이 올라오게 된다. 이럴 때는 적절한 휴식과 운동을 통한 기분 전환이 필요한데 현실은 그럴 수 없는 경우가 많다. 수용성이 커지면 화를 내는 횟수가 적어지고 수용성이 작아질수록 화를 내는 일이 많아진다. 이것은 일상생활 속에서 모든 사람에게 나타나는 당연한 현상이다.

부모도 사람이다. 사람은 여러 환경과 인간관계 속에서 분노가 생길 수밖에 없고 그때마다 여러 가지 방법으로 분노를 표현하며 살아가는데, 참고 누르며 숨기는 방법, 크게 폭발시키는 방법, 좋은 방법으로 건강하게 분노를 풀어 가는 방법 등이 있다. 이 중에 당연히 세 번째 방법으로 분노를 표현하는 것이 좋다. 부모는 자신의 화난 감정과 상한 마음을 명확하게 표현하면서도 자녀가 상처 받지 않게 분노를 표현해야 한다. 부모의 화난 감정을 꾹꾹 눌러 참고 숨기거나, 애매하게 표현하거나, 과도하게 폭발하게 되면 자녀에게 부모의 마음이 분명하게 전달되지 않게 된다. 따라서 자녀는 부모의 마음을 알 길이 없다. 부모-자녀 간의 관계만 불편하게 할 뿐이다. 부모의 분노를 자녀에게 적절히 표현하며 잘 다스리는 좋은 방법을 소개한다.

부모의 마음을 정확하게 전달하기

자녀의 '어떠한 행동'이 부모의 마음에 분노를 일으켰는지 그리고 그 행동이 '어떠한 영향을 주었는지' 정확하게 알 수 있도록 표현해야 한다. 예를 들면 "네가 ~ 할 때면 엄마는 ~하단다."라는 식으로 구체적으로 표현해 주어야 한다. '사실'만을 정확하게 표현해야지 자녀의 평소 태도나 성격, 과거의 일들까지 끄집어내 비판하거나 평가해서는 안 된다. 개인적인 프라이버시나 인격적인 문제까지 언급하면 자녀는 부모의 말을 받아들이거나 인정하려 하지 않을 것이다. 그렇게 되면 부모의 분노는 더 커지고 부모-자녀 사이에는 악순환이 계속될 것이다. 반드시 부모를 분노하게 한 그 사건만 구체적으로 전달해 주어야 한다. 자녀 입장에서는 부모가 지적해 준 그 행동만 고친다면 부모의 분노가 가라앉을 것이며, 부모와의 관계가 다시 좋아질 것이라는 생각을 하게 돼 적극적으로 행동을 바꾸려고 할 것이다. 사춘기 아이는 흔히 자신의 행동이 다른 사람에게 어떤 영향을 미치는지 의식하지 못하고 행동할 때가 많다. 타인에 대한 배려를 훈련받지 못해 그저 자신이 하고 싶어서 그렇게 행동했을 뿐인 경우가 대부분이다. 그러나 그러한 행동이 부모나 타인에게는 불편하고 분노를 일으키게 되는 경우가 많다. '분노 다스리기'를 함께 공부한 부모들 중에는 이 'I-Message'를 잘 활용해 자녀에게 정확하게 그 사실을 알려 주면, 그럴 때마다 "엄마, 미안해요. 저는… 그런 줄도 모르고…."라며 깜짝 놀라기도 한다는 경험담을 들을 수 있었다.

적극적인 경청과 피드백

어떤 문제 때문에 힘들어 하는 자녀에게는 장시간 훈계를 하거나 윽박질러서는 안 된다. 그렇지 않아도 힘든 상황인데 부모로부터 부정적인 감정 에너지가 전달되면 입을 다물어 버리거나 때로는 화를 내고 저항하게 된다. 자녀의 이런 행동에 부모는 분노가 커지고 불쾌한 감정이 그대로 다시 자녀에게 전달되며 관계가 악화된다. 분노를 폭발하면 부모의 불편한 마음이나 원하는 내용이 자녀에게 전달되지 않고, 오히려 자녀를 심하게 비난하는 것으로 받아들이게 된다. '엄마는 너 때문에 화가 많이 났다.'라는 해석밖에 할 수 없어 마음이 얼어붙고 정상적인 관계를 이어 가기가 어렵게 된다. 소극적으로는 능청을 부린다거나 입을 굳게 다물며 부모에게 협조하지 않거나 심하게 반항한다. 분노를 폭발시키면 이러한 악순환이 반복되면서 관계만 더 악화될 뿐 문제를 해결하는 데는 도움이 되지 않는다. 거듭 강조하지만, 자녀에게 어떤 문제가 발견될 때 가장 좋은 방법은 적극적으로 그 문제에 대해 경청하는 것이다.

예를 들어 집이 이사를 해 자녀가 전학을 했는데, 새 학교에 잘 적응하지 못하고 학급 친구들과도 갈등을 겪고 있다. 그런 상황에서 자녀가 집에 와 부모에게 "이 학교는 전에 다니던 학교보다 너무 안 좋아. 그 학교 학생들은 참 착했는데…. 이 학교는 가기 싫어!"라고 불만을 말한다. 그런데 부모가 자녀의 인간관계나 새로운 환경에 잘 적응하지 못하는 것이 문제라고 지적하며 화를 내면서 설득하려고 한다면 자녀에게 있는 문제의 핵심은 절대 찾아내지 못한다. 오히려 자녀는 이해받지 못한다고 생각하여 불만을 품게 될 것이다. 이럴 때 적극적으로 경청하며 "이 학교에서는 아직 친구가 없고, 아이들에게 따돌림을 받고 있다고 느끼는구나."라고 피드백(Feed-back)을 하면 자녀는 자신의 문제를 부모에게 계속 터놓고 말하게 된다. 이러한 적극적 경청과 피드백은 사소한 것 같지만, 부모와 자녀의 분노를 줄이고 근본적인 문제에 접근할 수 있게 하는 좋은 방법이다.

4장

일곱 가지 '내면 아이' 진단

1. 학부모와 교사를 위한 체크리스트

체크리스트마다 질문 앞에 □가 있다. 그런 성향이 있다고 생각하면 □에 √로 체크한다. 그런 성향이 있는 것 같기도 하고 없는 것 같기도 한 애매한 상황이면 어떻게 해야 하느냐고 질문하는 사람이 많다. 그런데 애매한 상황은 그런 성향이 있기 때문에 나타나는 것이다. 따라서 그런 경우에도 □에 체크를 한다.

① '나의 부모님에게 이런 성향이 있었나?'라는 질문에서는 지금은 엄마, 아빠가 되었지만 자기 나이가 어렸을 때 원가족 부모가 나에게 주었던 정서적, 신체적 메시지나 언행을 생각하며 해당하는 항목에 체크한다. 부모님 중에서 나와 관계가 좋지 않았던 쪽을 선택하여 체크한다.

② '나에게 이런 성향이 있는가?'라는 질문에서는 현재 부모가 된 나의 내면 상태와 내가 그동안 자녀에게 주었던 정서적, 신체적 메시지와 언행을 생각하며 해당하는 항목에 체크한다. 자녀 가운데 나와 관계가 좋지 않은 아이를 선택하여 체크한다. 체크한 개수가 많을수록 자녀와의 관계에서 나도 모르게 상처받은 '내면 아이'가 아이에게 영향을 주었다고 볼 수 있다.

③ '아이에게 이런 성향이 있는가?'라는 질문에서는 지금 나의 자녀에게 이러한 성향이 있다고 생각되면 해당하는 항목에 체크한다. 체크한 개수가 제시한 기준 이상이면 각 질문 문항 다음에 주어진 '아이 내면을 알기 위한 질문지'를 자녀에게 주고 작성해 보도록 한다.

2. 체크리스트 작성과 활용

다음 일곱 가지 '내면 아이'를 알아보기 위한 질문지와 '분석표'는 예측일 뿐이므로 성향을 가늠해 보는 정도의 도구로만 사용해야 한다. 이것을 절대적인 진단지로 해석할 필요는 없다. 다만 자신의 내면에 자리한 정서에 대해 솔직하고 정확하게 답을 하는 것이 무엇보다 중요하다. 질문지를 통해 1차로 상처 받은 '내면 아이'의 성향을 알아보면 주로 어느 영역에서 잘 나타나는지를 찾을 수 있고, 개인마다 다른 주제를 찾아 그것에 집중할 수 있게 된다. 필자들은 내면 진단지를 통해 개인의 '내면 아이' 성향과 주제를 알아보고 나서 대면 상담을 확인해 본 결과, 각각 다른 개인의 '내면 아이'의 성향을 예측하기에는 안전하고 좋은 질문지라는 결론을 내렸다.

[표 1] 세 가지 질문 영역

① '나의 부모님에게 이런 성향이 있었나?'

- 체크한 개수가 많을수록 자신과 부모(원가족)와의 관계에서 정서적 영향을 더 많이 받았다고 볼 수 있다. 비록 지금 나는 그분들을 떠났고, 나도 자녀를 둔 부모가 되었지만 나의 상처 받은 '내면 아이'에게 부모가 영향을 주었을 것이라고 본다. 그러나 체크한 개수가 많다고 반드시 치유해야 할 '내면 아이'가 있다고 말하는 것은 아니다. 지극히 정상적이고 건강한 가정에서 성장한 사람들도 '그렇다'고 답하는 경우가 많다. 이런 경우에는 지금 당신의 삶에 영향을 미치고 있으며 불편한 현실로 나타나는지의 여부를 스스로 판단하면 된다. 현재 삶에서 영향을 미치고 있다면 치유해야 할 '내면 아이'가 있는 것이고, 그렇지 않다면 비록 어린 시절 부모의 영향을 받았더라도 자신도 모르게 잘 이겨 낸 것이다.

② '나에게 이런 성향이 있는가?'

- 질문에서는 현재 부모가 된 나의 내면 상태와 내가 그동안 자녀에게 주었던 정서적, 신체적 메시지와 언행을 생각하며 해당하는 것에 체크한다. 자녀 가운데 나와 관계가 좋지 않은 아이를 선택하여 체크해 본다. 체크한 개수가 많을수록 자녀와의 관계에서 나도 모르게 상처 받은 '내면 아이'가 아이에게 영향을 주었다고 볼 수 있다.

③ '아이에게 이런 성향이 있는가?'

- 지금 나의 자녀에게 이러한 성향이 있다고 생각되면 해당하는 항목에 체크한다. 체크한 개수가 제시한 기준 이상이면 각 질문 문항 다음에 주어진 '내면을 알기 위한 질문지'를 자녀에게 작성해 보도록 한다.

3. 체크리스트의 해석[1]

① '나'와 '아이'의 관계에서 체크한 개수와 '나의 부모님'과 '나'와의 관계에서 체크한 개수, 즉 세 가지 질문지에서 동일하게 또는 비슷하게 많이 나왔다면 '나의 부모' ⇒ '나' ⇒ '아이'에게로 상처 받은 '내면 아이'가 대를 이어 흘러가고 있다고 볼 수 있다.

② '[표 1]에서 본 것같이 세 가지 질문 영역에 따라 체크한 개수 총합이 이 책에서 제시한 기준 이상으로 나오면, 그 다음에 나오는 분석표를 작성한다.

4. '내면 아이' 종합 정리 작성 방법

'내면 아이' 종합 정리표는 당신의 내면 성향을 한눈에 볼 수 있도록 정리하는 데 도움을 주기 위한 표이다. 이 책을 읽어가는 동안 당신에게 맞는 '내면 아이'의 주제가 발견되는 대로 핵심 단어를 찾아 250쪽의 [표 18]과 같이 기록해 두면 된다. 이 책을 다 읽

---

1. 내면 아이 진단을 위한 체크리스트는 치유상담대학원대학교 김중호 교수의 강의 '내면 치유의 이론과 실제'내용을 기초로 하였으며 학부모, 교사, 학생들에게 맞도록 수정 및 재구성하였다.

고 나면 종합 정리표 한 장만 보아도 당신에게 있는 '내면 아이' 특성을 알 수 있도록 만들었다.

① 이 책에서 제시한 체크리스트 '나는 이런 부모가 아닌가?'라는 일곱 가지 '내면 아이' 진단지에서 체크한 문항 수를 기록하고, '완벽주의(8)'처럼 그 숫자를 250쪽의 [표 18] '내면 아이' 종합 정리에 기록한다.

② 이 책을 읽어 가며 '부모님의 양육 태도', '나에게 있는 특징', '떠오르는 생각 메모'에서 나와 관련 있는 내용이나 성향, 떠오른 기억, 핵심 단어 등을 250쪽의 [표 18] '내면 아이' 종합 정리 빈칸에 기록한다. '내면 아이', 종합 정리처럼(붉은색 글씨) 적으면 된다. 다 기록하여 정리되면 당신의 '내면 아이' 성향과 특징을 한눈에 볼 수있게 되고, 그 주제에만 집중할 수 있다.

5. 인정받고 싶은 '내면 아이'

① 나의 부모님에게 이런 성향이 있었나?('예'라고 생각되면 □에 √로 체크하세요.)

□ 자녀에 대한 기대 기준이 높고 아이가 하기 어려운 것을 하

도록 요구했다.

☐ 칭찬이나 인정해 주는 것에 인색했고, 칭찬을 계속 뒤로 미루었다.

☐ 자녀를 다른 아이와 자주 비교했다.

☐ 자녀의 실수를 허용하지 않았으며, 실수를 할 경우 비난을 했다.

☐ '더 많이', '더 잘하면', '더 노력하면'과 같이 '더'라는 말을 많이 사용했다.

☐ 부모님 스스로 자기 자신을 자주 비난하고 책망했다.

☐ 부모님 자신의 실수를 인정하려 하지 않았다.

☐ 성공과 성취에 집착하며 총력 질주했다.

☐ 삶에 여유와 휴식이 없었고 지치고 탈진할 때까지 일을 했다.

체크한 문항 (　　)

② 나에게 이런 성향이 있는가?

☐ 나는 칭찬과 인정받는 데 집착하는 경향이 있다.

☐ 나는 나의 생각과 감정을 다른 사람 앞에서 나타내는 데 어려움이 있다.

☐ 자녀에 대한 기대 수준이 높고 아이가 하기 어려운 것을 하도록 요구한다.

☐ 칭찬이나 인정해 주는 것에 인색하고, 칭찬을 계속 뒤로 미룬다.

□ 나의 의사를 잘 표현하지 못하며 남의 눈치를 보는 경향이 있다.

□ 나는 내가 원하지 않아도 '예'라고 말할 때가 있다.

□ 나는 현실적으로 실천하기 어려운 목표를 세우기도 한다.

□ 나는 성공과 성취에 집착하며 총력 질주한다.

□ 나는 삶에 여유와 휴식이 없고 지치고 탈진할 때까지 일을 한다.

□ 나는 일을 하고 있지 않으면 불안해하고 비생산적이라고 생각한다.

□ 나의 자녀를 다른 아이와 자주 비교한다.

□ 나는 자녀의 실수를 허용하지 않으며, 실수를 할 경우 비난을 한다.

□ 나는 '더 많이', '더 잘하면', '더 노력하면'과 같이 '더'라는 말을 많이 사용한다.

□ 나 자신을 자주 비난하고 책망한다.

□ 나의 실수를 인정하려 하지 않는다.

□ 나는 자존감과 자신감이 낮다.

□ 나는 칭찬받고 인정받기 위해 지나치게 애쓰고 노력한다.

□ 나는 지나치게 실수에 대한 두려움을 가지고 있다.

□ 나는 내가 이룬 일들을 과소평가하는 경향이 있다.

□ 나는 항상 더 많이, 더 잘해야 한다고 생각한다.

□ 나는 일을 할 때 여럿이 함께하는 것보다 혼자 하는 것이 더 편하고 좋다.

□ 나는 삶에 대한 만족과 기쁨이 없으며 내적으로 텅 빈 느낌

이 있다.

체크한 문항 (　　)

③ 아이에게 이런 성향이 있는가?

☐ 지나치게 꼼꼼하고 철저하게 행동한다(예: 정리 정돈, 시간 지키기 등).

☐ 자신 또는 타인에 대한 기대 수준이 높고 실수를 허용하지 않는다.

☐ 자주 좌절에 빠지고, 스스로를 비판하는 말을 많이 한다.

☐ 융통성이 없고 작은 것에 집착하다가 큰 것을 놓치는 경우가 많다.

☐ 강박적 행동이 나타난다.

☐ 칭찬받고 인정받기 위해 지나치게 애쓰고 노력한다.

☐ 자기의 의사를 잘 표현하지 못하며 남의 눈치를 보는 경향이 있다.

☐ 자신이 원하지 않고 타인과 생각이 달라도 '아니요'를 못 한다.

☐ 자존감과 자신감이 낮다.

☐ 지나치게 실수에 대한 두려움을 가지고 있다.

☐ 자기가 성취한 것을 과소평가하는 경향이 있다.

☐ 공부나 일을 할 때 혼자 하는 것을 더 좋아하고 편안해한다.

체크한 문항 (　　)
총 43개 문항 중 체크한 문항 (　　)

43개 문항 중 '예'라고 표시한 것이 18개 이상이면 다음에 나오는 분석표를 작성해 본다. 그 미만이면 생략하고 182쪽 〈6. 억압받은 '내면 아이'〉 절로 넘어가도 좋다.

인정받고 싶은 '내면 아이' 성향 분석이나 다음에 나오는 '분석표'는 예측일 뿐이므로 성향을 알아보는 정도의 도구로만 사용해야 한다. 이것을 절대적인 진단지로 해석할 필요는 없다. 다만 자신의 내면에 자리한 정서에 대해 솔직하고 정확하게 답을 했다면 질문지를 통해 완벽주의적인 '내면 아이'의 성향을 알 수 있게 된다. 완벽주의적인 '내면 아이'의 성향을 알게 되면 그 내면에 숨어 있는 '완벽주의로부터 받은 고통의 주제'를 꺼내어 찾을 수 있고, 그 문제에 집중하여 치유할 수 있다.

[표 2] 인정받고 싶은 '내면 아이' 성향 분석

질문 내용	√개수		성향 예측
① 나의 부모님에게 이런 성향이 있었나?	( )/9	0~1개	부모로부터 완벽주의 성향의 영향을 받지 않았다.
		2~4개	부모로부터 완벽주의 성향을 경험했고, 그 영향을 조금 받았을 수 있다.
		5개 이상	어린 시절 부모로부터 완벽주의 성향을 많이 경험했고, 그 영향을 받아서 나에게도 비슷한 면이 있을 수 있다.
② 나에게 이런 성향이 있는가?	( )/22	0~3개	완벽주의 성향이 없다.
		4~9개	완벽주의 성향이 조금 있다.
		9~12개	나에게 완벽주의 성향이 있다고 인정하고 치유를 위해 공부를 해야 한다.
		13개 이상	완벽주의 성향으로 인해 나와 주변 사람들을 힘들게 할 수 있다. 이 책을 끝까지 정독하며 스스로 치유를 위해 노력하고, 그래도 안 되면 전문가에게 상담을 받을 것을 권한다.
③ 아이에게 이런 성향이 있는가?	( )/12	0~2개	완벽주의 성향이 없다.
		3~4개	완벽주의 성향이 조금 있다.
		5~8개	전형적인 완벽주의 성향이 삶에서 나타날 수 있다.
		9개 이상	완벽주의 성향으로 인해 힘들어 할 수 있다. 부모가 이 책을 끝까지 정독하며 치유될 수 있게 도와주기를 권한다.
총	( )/43	0~7개	'② 나에게 이런 성향이 있는가?'의 항목에서 체크한 문항이 9개 이상이고, 모두 합쳐 22개 이상이면 치유를 위한 적극적인 노력이 필요하다. 부모로부터 이어받아 자녀에게 흘러가고 있다고 봐야 하기 때문이다.
		8~21개	
		22개 이상	

[표 3] 아이 내면을 알기 위한 질문지(1): 완벽주의

	질 문 내 용	예	아니오
1	나는 칭찬받고 인정받는 데 집착하는 경향이 있다.		
2	나의 생각과 감정을 다른 사람 앞에서 나타내는 데 어려움이 있다.		
3	내가 원하지 않아도 '예'라고 말할 때가 있다.		
4	나는 현실적으로 실천하기 어려운 목표를 세우기도 한다.		
5	내가 중요하게 여기는 가치는 사회적 성공이다.		
6	나는 시간이 있을 때도 마음껏 쉬지 못한다.		
7	나는 지치고 탈진할 때까지 과제를 하는 경향이 있다.		
8	나는 매사에 자존감이 낮고 자신감이 부족하다.		
9	나는 실수에 대한 두려움이 항상 있다.		
10	나는 내가 이룬 일(성적 등)을 과소평가하는 경향이 있다.		
11	나는 항상 더 많이, 더 잘해야 한다고 생각한다.		
12	나는 삶에 대한 만족감이 부족하고 가슴이 텅 빈 것같이 느낄 때가 많다.		
13	나는 여럿이 함께 일하는 것보다 혼자 일하는 것을 좋아 한다.		

'예'에 표시한 개수 　　　　　　　(　　)

체크한 개수	완벽주의 성향(예측)
0~2개	완벽주의 성향이 없다.
3~4개	완벽주의 성향이 조금 있다.
5~7개	전형적인 완벽주의 성향이 삶에서 나타날 수 있다.
8개 이상	완벽주의 성향으로 인해 삶에 부정적인 영향을 호소할 수 있으며, 주변 사람을 힘들게 할 수 있다. 부모가 이 책을 끝까지 정독하여 치유할 수 있게 도와주기를 권한다.

5개 이상 체크한 경우라면 완벽주의 성향이 있다.

칭찬하고 인정해 주기

어렸을 때는 부모의 따뜻한 사랑만 있으면 안정감을 느낄 수 있지만 10대 청소년이 되어서는 자신의 존재를 인정받고 싶어 한다. 10대는 신체적으로나 정신적으로 갈등이 많다. 스스로 다른 친구들과 비교하고, 자신의 의지와 관계없이 학교 성적에 따라 서열이 매겨지고 외모를 통해 비교를 당하면서 불안해한다. 이러한 환경에 오랫동안 노출된 10대는 자신을 못나고 찌질한 인간이라 생각한다. 그런 상황에 처한 10대에게, 부모는 자녀의 장래를 위해서라며 욕심을 내고 더 잘하라고 하면서 부정적인 말을 많이 한다. 자녀가 사춘기에 들어서면서 보이는 못마땅한 행동들에 집중하면서 먼지 털 듯 다 털어 버리려고 하지만 문제 행동은 더 강화된다.

자녀는 부모에게 반항하고 분노하면서 더 강하고 부정적인 감정들을 쌓아 간다. 겉으로는 부모에게 반항하지만 속으로는 '나는 이것도 못하고, 저것도 못하고, 잘하는 것도 없고, 문제투성이야. 문제아야!'라며 스스로 낙인을 찍는다. 그렇게 생각하며 문제 행동을 하기 시작하면 막을 길이 없다. 자존감은 점점 더 낮아지고 분노가 커지면서 좌절하게 된다.

성장 과정에서 부모나 주변 사람들로부터 부정적인 이야기를 많이 들어 자존감에 상처를 입은 청소년에게는, 존재를 있는 그대로 인정해 주는 말을 해 주는 것이 절대적으로 필요하다. 잘하는 것 하나라도 찾아 주고 인정하고 격려하면, 그것을 통해서 자신감을 찾고 점점 더 많은 장점을 찾아내고 키워 갈 수 있다. 부모가 나를 인정해 준다는 첫 번째 신호는 칭찬이다. 10대 자녀가 칭찬받을 만한 행동을 했을 때는 적극적으로 칭찬해 주어야 한다. 이렇게 말하면 어떤 부모들은,

"칭찬할 게 있어야 칭찬하죠. 미워 죽겠는데….."

라고 말한다. 그러나 칭찬은 자녀 교육의 가장 중요한 기본 중 기본이라는 사실을 명심해야 한다. 어른도 그렇지만 아이 역시 인정받고 싶은 욕구가 강하다. 부모의 욕심을 내려놓고 자세하게 관찰하면 칭찬할 것이 보인다.

사춘기 청소년에게 칭찬을 할 때 주의해야 할 점이 있다. 단순히 기분을 좋게 해 주려는 의도로 칭찬거리도 아닌데 칭찬해서는 안 된다. 10대는 칭찬받을 만한 일도 하지 않았는데 칭찬을 받으면, '칭찬을 통해 나를 조종하려고 한다.'거나 '어린아이인 줄 아나?'라고 생각하며 부모의 말에 진실성이 없다고 불쾌한 마음을 품게 된다. 부모의 칭찬은 자녀가 어떤 과제를 수행해 가는 과정에 진정성 있게 그 노력을 인정해 주는 표현이기 때문이다. 예를 들어, 동생과 의견 충돌이 있어 옥신각신 다투고 있는데 "동생에게 양보하면서 잘 지내 줘서 고마워!"라고 말하면 안 된다. 주의

해야 할 또 한 가지는 '구체적으로 칭찬하라'는 것이다. 다음의 예화처럼 구체적인 행동에 대해 칭찬해야 한다.

예화 1 "양말을 벗어서 세탁기에 넣어 주니까 엄마 일손이 훨씬 줄어드는구나! 고마워!"

[그림 1] 잘했어! 고마워!

공부를 못해도, 성적이 잘 안 나왔어도 칭찬할 거리는 있다. 학급 환경 정리를 하는데 게시판을 잘 만들었다는 이야기나, 교내체육대회 농구 경기에서 3점 슛을 2개나 성공시켰다는 이야기를 담임교사나 자녀 친구들을 통해 들었다면 놓치지 말고 칭찬하면 된다. 어떤 일을 잘해서 좋은 결과가 있을 때만 부모가 칭찬을 한다면 아이들은 커다란 부담감을 가지게 된다. 따라서 결과보다는 과정에서 칭찬할 구체적인 것을 찾아 반응해 주면 아이들은 공부나 자신이 해나가는 일에 대한 희열감이 높아지고 동기도 강해진다.

우리나라처럼 성적 위주의 대학 입시 제도 하에서는 학교 성적이 좋지 않은 아이는 인정을 받아야 채워지는 마음의 그릇이 텅 빈 상태라 자존감이 바닥까지 낮아져 있다. 이처럼 인정의 욕구가 텅 빈 10대는 대부분 불안감이 크고 내면 깊숙이 수치심과 거절감이 자리 잡게 된다.

부모 역시 어렸을 때부터 인정받지 못하고 사랑의 그릇이 텅 빈 상태로 자라 왔다면, 부모-자녀 사이에 따뜻한 대화를 주고받으며 생각의 차이를 조율하는 것은 대단히 어렵다. 대화를 할 때마다 서로의 약점을 공격하고 비난하며 싸움으로 끝나기 쉽다.

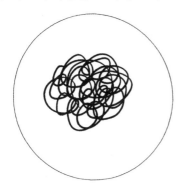

[그림 2] 넌 이해가 안 된다. 이상해!

사춘기로 접어드는 자녀의 특징 중 하나는 논리적인 사고를 할 줄 알게 된다는 것인데, 이 때문에 부모의 한 마디 한 마디에 이의를 제기하면 부모는 "이게 좀 컸다고 대들어!"라고 반응하기 쉽다. 그러나 인정의 욕구가 충족돼 내면이 튼튼하고 자존감이 높은 부모는 이러한 자녀의 태도에 여유 있게 대처할 수 있다. 오히려 논리적인 사고로 반론을 제기하는 자녀를 보며 "많이 컸군!" 하면서 흐뭇해한다.

적용하기

자녀를 칭찬할 만한 거리들을 찾아보자(구체적으로). 언제, 어디에서 칭찬할 것인가?

[표 4] 구체적으로 칭찬하기

언제:	어디서:

1. 칭찬할 점(열 가지)

2. 격려의 말

6. 억압받은 '내면 아이'

① 나의 부모님에게 이런 성향이 있었나?('예'라고 생각되면 □에
   √로 체크하세요.)

□ 반복적인 잔소리를 많이 했다.

□ 자신의 욕구를 충족하기 위해 자녀에게 요구를 많이 했다.

□ 자녀와 따뜻하고 부드러운 대화를 하지 못했다.

□ 자녀에게 '지시', '경고', '위협'하는 말을 많이 했다.

□ 자녀의 행동을 통제하고 감독, 감시하는 경향이 있었다.

□ 자녀의 감정이나 욕구를 무시하고 존중해 주지 않았다.

□ 표정이나 비언어적인 표현으로 자녀에게 겁을 주는 일이 많
   았다.

체크한 문항 (　　)

② 나에게 이런 성향이 있는가?

□ 나는 어떤 일을 스스로 결정하는 데 어려워하고 주저한다.

□ 나는 자녀의 감정이나 욕구를 무시하고 존중해 주지 않는다.

□ 나 자신의 욕구를 충족하기 위해 자녀에게 요구를 많이 한다.

□ 자녀와 따뜻하고 부드러운 대화를 하지 못한다.

□ 자녀에게 '지시', '경고', '위협'하는 말을 한다.

□ 나는 표정이나 비언어적인 표현으로 자녀에게 겁을 주는 일

이 많다.

☐ 나는 자녀의 행동을 통제하고 감독, 감시한다.

☐ 나는 반복적인 잔소리를 많이 한다.

☐ 나는 내 안에서 일어나는 자연스런 생각까지도 스스로 억압한다.

☐ 나는 자율성이 없고 타율적이다.

☐ 나는 스스로 결정하는 것을 어려워하며 지시해 주기를 기다리고, 망설임이 많다.

☐ 자기의 생각이나 감정을 말하는 언어 표현 능력이 떨어진다.

☐ 나는 너무 떨려서 많은 사람 앞에서 말을 못한다.

☐ 나는 계획은 빠짐없이 철저하게 잘 세우지만 실천은 잘하지 못한다.

☐ 나는 만성적인 피로나 무기력감에 시달린다.

☐ 나는 쓸데없는 공상을 자주 하고 그 속에 푹 빠지는 경우가 많다.

☐ 나는 잘 잊어버리며 기억을 못하는 경향이 있다.

☐ 나는 거짓말을 안 해도 되는 상황에서 사소한 거짓말을 할 때가 있다.

☐ 나는 타인의 지시, 명령에 의문을 제기하지 않고 저항하지 않는다.

☐ 나는 일을 미루고 미루다 어쩔 수 없는 상황까지 가는 경우가 많다.

□ 나는 지시와 명령을 하는 위치보다 명령을 받는 위치에 있을 때가 더 편하다.

체크한 문항 (　　)

③ 아이에게 이런 성향이 있는가?

□ 어떤 일을 스스로 결정하는 데 어려워하고 주저한다.

□ 이끌어 가는 리더의 위치보다 따라가는 위치에 있을 때 더 편안해한다.

□ 자율성이 없고 타율적이다.

□ 스스로 결정하는 것을 어려워하며, 지시해 주기를 기다리고, 망설임이 많다.

□ 자기의 생각이나 감정을 말하는 언어 표현 능력이 떨어진다.

□ 너무 떨려서 많은 사람 앞에서 말을 못한다.

□ 계획은 철저하게 잘 세우나 실천하지를 못한다.

□ 만성적인 피로나 무기력감에 시달린다.

□ 쓸데없는 공상을 자주 하고 그 속에 푹 빠지는 경우가 많다.

□ 잘 잊어버리며 기억을 못 하는 경향이 있다.

□ 거짓말을 안 해도 되는 상황에서 사소한 거짓말을 할 때가 많다.

□ 인터넷, 술, 게임 등에 중독 증상을 보인다.

□ 타인의 지시, 명령에 의문을 제기하지 않고 저항하지 않는다.

□ 때로는 평소와 다르게 부모의 지시나 명령에 화를 내며 반항

한다.

□ 일을 미루고 미루다가 어쩔 수 없는 상황까지 가는 경우가 많다.

체크한 문항 (　　)개

총 43개 문항 중 체크한 것 (　　)개

43개 문항 중 '예'라고 체크한 것이 18개 이상이면 다음 분석표 ([표 5]와 [표 6])을 작성해 본다. 그 이하일 경우에는 생략하고 7. 방치된 '내면 아이' 편으로 넘어가도 좋다. '아이 내면을 알기 위한 질문지'나 다음의 분석표는 예측일 뿐이다. 성향을 알아보는 정도의 도구로만 사용하며, 이것을 절대적인 진단지로 해석할 필요는 없다. 다만 자신의 내면에 자리한 정서에 대해 솔직하고 정확하게 답을 했다면 질문지를 통해 억압받은 '내면 아이'의 성향을 알 수 있게 된다. 억압받은 '내면 아이'의 성향을 알게 되면 그 내면에 숨어 있는 '억압받은 고통의 주제'를 꺼내어 찾을 수 있고, 그 문제에 집중하여 치유할 수 있다.

[표 5] 억압받은 '내면 아이'의 성향 분석

질문 내용	√ 개수	성향 예측	
① 나의 부모님에게 이런 성향이 있었나?	( )/7	0~1개	부모로부터 억압적인 정서를 받지 않았다.
		2~3개	부모로부터 억압의 정서를 경험했고, 그것이 '내면 아이'에 영향을 조금 받았을 수 있다.
		4개 이상	어린 시절 부모로부터 억압적인 정서를 많이 경험했고, 그 영향을 받아 나에게도 비슷한 성향이 있을 수 있다.
② 나에게 이런 성향이 있는가?	( )/21	0~3개	억압받은 '내면 아이'가 없다.
		4~9개	억압받은 '내면 아이'가 조금 있다.
		9~12개	나에게는 억압받은 '내면 아이'가 있다고 인정하고 치유하기 위해 공부해야 한다.
		13개 이상	억압받은 '내면 아이' 성향으로 인해 삶이 힘들 수 있다. 이 책을 끝까지 정독하며 스스로 치유하기 위해 노력하고, 그래도 안 되면 전문가에게 상담을 받을 것을 권한다.
③ 아이에게 이런 성향이 있는가?	( )/15	0~2개	억압받은 '내면 아이'가 없다.
		3~4개	억압받은 '내면 아이'가 조금 있다.
		5~8개	전형적인 억압받은 '내면 아이'가 삶에서 나타날 수 있다.
		9개 이상	억압받은 '내면 아이'로 인해 힘들어질 수 있다. 부모가 이 책을 끝까지 정독하며 치유를 도와주기를 권한다.
총	( )/43	0~7개	'2. 나에게 이런 성향이 있는가?'의 항목에서 9개 이상이고, 모두 합쳐 22개 이상이면 치유를 위한 적극적인 노력이 필요하다. 부모로부터 이어받아 자녀에게 흘러가고 있다고 보아야 하기 때문이다.
		8~21개	
		22개 이상	

[표 6] 아이 내면을 알기 위한 질문지(2): 억압

	질 문 내 용	예	아니오
1	나는 어떤 일을 스스로 결정하는 데 어려워하고 주저한다.		
2	나는 지시와 명령을 하는 위치보다 명령을 받는 위치에 있을 때가 더 편하다.		
3	나는 윗사람 앞에서 나의 생각과 감정을 주장하는 데 어려움을 느낀다.		
4	나는 계획은 빠짐없이 철저하게 세우지만 실천은 잘 하지 못한다.		
5	나는 만성적인 피로와 무력감을 느끼고 있다.		
6	나는 비현실적인 공상을 많이 하는 편이며, 즐기는 편이다.		
7	나는 잘 잊어버리며 기억을 못 하는 경향이 있다.		
8	나는 거짓말을 안 해도 되는 상황에서 사소한 거짓말을 할 때가 있다(나와 관련된 부분에서).		
9	나는 인터넷, 게임, 도박, 마약 등에 빠져 본 경험이 있다.		
10	나는 누가 무엇을 하라고 하면 의문을 제기하지 않고 그대로 한다.		
11	나는 누가 무엇을 하라고 하면 일의 내용과 관계없이 마음속에서 거부와 저항감이 일어난다.		
12	나는 내가 해야 할 일을 앞에 놓고 꾸물거리거나 늑장을 부릴 때가 있다.		

'예'에 표시한 개수　　　(　　)

채크한 개수	억압적 성향(예측)
0~1개	억압받은 '내면 아이'가 없다.
2~3개	억압받은 '내면 아이'가 조금 있다.
4~7개	억압받은 '내면 아이'가 있다고 인정하고 이 책을 끝까지 읽고 도와주어야 한다.
8개 이상	억압받은 '내면 아이' 성향으로 인해 삶이 힘들 수 있다. 이 책을 끝까지 정독하며 자녀가 치유될 수 있게 노력하고, 그래도 안 되면 전문가에게 상담을 받을 것을 권한다.

억압받은 '내면 아이'의 성향이 있다면
(4개 이상 체크한 경우)

적극적 경청하기

자녀의 말을 경청한다는 것은 '나는 너를 소중히 여긴다'는 마음을 가장 확실하게 전달하는 방법이다. "너를 사랑해!"라고 말하면서 자녀의 말에 귀 기울이지 않는 것은 거짓 사랑이다.

자녀의 말에 귀를 기울여라. 경청해 주면 그동안 억압당해 눌려 있던 마음을 풀고 부모에게 다가와 말을 하기 시작할 것이다. 자녀가 말하는 동안 충고나 나무랄 거리를 찾느라 제대로 듣지 못하면 대화가 끊기고 다시는 부모와 말하기 싫어하게 된다.

[그림 3] 부모가 경청하면 행복해진다.

사람은 누구나 자신의 말을 경청하는 상대에게 따뜻한 감정을 느낀다. 자신을 인정해 준다는 마음이 들기 때문이다. 그래서 경청은 억압받은 내면을 치유하는 훌륭한 도구가 될 수 있다. 누구나 안전한 분위기를 만들어 주고 경청을 해 주면 내면의 아픔을 마음 놓고 털어놓게 된다. 그러나 많은 부모는 경청이라는 아주 좋은 도구 대신 훈화나 설득, 충고 등을 사용하기 때문에 자녀는 억압받는 잔소리를 들었다고 생각하면서, 오히려 자녀와의 관계가 나빠진다. 경청하는 데도 방법이 있다.

첫째, 자녀의 말을 끊거나 잔소리를 하지 말고 그냥 들어 주어야 한다. 많은 부모가 자녀에 대한 선입견이나 충고해 주고 싶은 생각이 가득해 경청을 하지 못하는 경우가 많다. 충고해 주고 싶어 결국 자녀의 말을 끊고 끼어든다. 그러면 자녀는 짜증을 내거나 더 이상 말을 하려고 하지 않는다. 이렇게 자녀에 대한 선입견이나 충고해 주고 싶은 생각들을 다 버려야 비로소 경청을 할 수 있다. 자녀가 말하는 그대로 들어 주어야 한다. 사춘기 아이들은 부모와 대화하는 것을 불편해하거나 피하는 경우가 많다. 그러나 아이가 무엇인가 말을 하려고 할 때는 부모가 적극적으로 들어 주기를 기대한다. "엄마가 말할 때 넌 딴전 피우고 내 말을 잘 안 들었지? 그게 얼마나 짜증 나는지 너도 당해 봐!'라고 하면서 경청해 주지 않으면 영원히 자녀와 말하지 않겠다는 거나 마찬가지다. 편안하게 말을 할 수 있도록 부모가 안전하고 따뜻한 분위기를 만들어 주면 사춘기 자녀도 차츰 말하는 시간과 횟수가 늘어나게 된다.

둘째, 자녀의 눈을 바라보며 자녀에게만 집중해야 한다. 부모는 하던 일을 모두 멈추고 자녀의 눈을 바라보며 온전히 자녀에게만 집중해야 한다. 자녀 쪽으로 몸을 기울이고 고개를 끄덕이거나 따뜻한 미소와 편안한 표정을 짓는 등 계속 귀를 기울이고 집중한다는 것을 몸으로 보여 주어야 한다. 이렇게 자녀에게 시선을 집중하면 마음속으로 다른 생각을 하며 자녀와 이야기하는 실수를 덜어 준다. 부모가 집중하면 자녀는 부모의 관심을 받고 있다는 것을 느끼며 자신이 얼마나 소중한 존재인지를 진심으로 인정받는다고 느끼게 된다. 설거지를 하면서 또는 전화를 받거나 TV, 신문을 보거나 다른 일을 하면서 '다 듣고 있으니 이야기해!'라고 하면 안 된다. 아이보다 더 중요한 것이 있는가? 바쁘다는 핑계로 시계를 자주 쳐다보며 자녀의 말을 건성건성 들으면 사춘기 아이들은 더 이상 그런 부모에게 말하려고 하지 않는다. 피할 수 없이 중요하고 급한 일이어서 자녀를 바라보며 이야기하기가 어렵다면 자녀에게 양해를 구하면 된다. "엄마한테 하고 싶은 말이 있는 것 같은데 잠깐만 기다려 줄래? 엄마가 이 일을 끝내고 이야기를 들어 줄게." 이처럼 자녀를 존중하는 마음으로 완전한 인격체로 인정하면서 대하면 자녀도 부모를 존중하며 대화하려고 할 것이다. 먼저 관계가 형성돼야 무언의 신호나 말하는 의도, 진정한 마음의 소리까지 들을 수 있게 된다.

셋째, 부모는 가능한 한 말을 적게 해야 한다. 청소년뿐만 아니라 모든 사람은 누군가 자신의 말을 들어 주기를 간절히 바라고 있다. 자녀가 마음속에 있는 생각을 말하고 고민이나 내면의 아픔을 부모에게 드러내게 하려면 자신의 말을 적게 하고 자녀의 말에 귀를 기울여야 한다. 자녀가 무슨 말을 하는지 이해가 되지 않는다고 해서 짜증을 섞어 "무슨 소리를 하는 거야?"라고 하는, 순간 대화는 끝난다. 부모의 짜증 섞인 말투가 자녀에게 전달되면 공감을 받거나 지지받지 못한다는 생각에 입을 닫고 더 이상 말을 하려고 하지 않을 것이다. 자녀가 무슨 말을 하는지 잘 모를 때는 친절한 말로 "조금 전 네가 한 말을 엄마가 이해하지 못했는데 다시 한 번 말해 줄래?"라고 확인하는 질문을 하면 된다. 그것은 자녀의 말에 부모가 귀를 기울이고 관심을 갖고 들으려는 노력을 하고 있다는 표시다. 물론 억양이나 표정도 중요하다.

넷째, 문제를 해결해 주려고 하지 말고 감정을 받아 주도록 노력해야 한다. 자녀의 문제를 해결해 주려고 하기보다는 부모에게 내면의 감정을 다 쏟아 놓을 수 있도록 도와주는 것이 중요하다. 자녀의 문제에 정답을 찾아 주려고 신경을 쓰다 보면 자녀의 마음을 읽을 수 없다. 자녀가 편안하게 마음속 고민이나 아픔을 다 털어놓게 하기 위해서는 먼저 감정을 받아 주는 것이 중요하다. 자녀가 지금 어떤 감정을 가지고 있나, 스스로에게 질문하며, 표정이나 말 뒤에 숨겨진 자녀의 감정을 찾아내고 들어 주면 좋다. 잘 모르겠으면 질문을 통해 확인하면 된다. 예를 들면 "엄마가 준비물을 챙겨 놓지 못해서 속이 많이 상했니?"라고 질문하면 자녀도 자신의 감정을 명확하게 정리하고 다시 확인하면서 부모가 자신의 말을 최선을 다해 듣고 있다는 것을 알게 된다.

자녀의 감정을 조건 없이 다 받아 주어야 한다. 다시 말하면 자녀가 지금 느끼고 있는 감정과 생각을 인정하고 그대로 받아 주는 것이다. "아, 무서웠겠구나!", "화가 많이 났겠네!" 정도의 반응이면 충분하다. 아이의 감정을 받아 주는 것은 곧 아이의 말에 동의하는 것이라고 생각하는 부모도 있다. 그러나 감정을 받아 준다고 해서 아이의 말에 동의한다는 뜻은 아니다. '이놈은 맨날 쓸데없이 이따위 생각만 하고 있어!'라고 생각하면 자녀의 감정을 있는 그대로 받아주기가 어렵다. 부모의 생각과 많이 다르더라도 바로 잡아 주려고 하지 말고, 아이의 느낌이나 감정을 있는 그대로 수용해 주어야 한다. 이렇게 부모가 자녀의 감정을 수용하고 받아 주면 놀라운 일이 생기는데, 그것은 사춘기 자녀와는 불가능한 것처럼 생각했던 진심을 담은 대화가 가능해진다는 것이다. 놀랍지 않은가?

다섯째, 자녀가 눈과 표정 그리고 손으로 하는 말을 들어야 한다. 경청은 자녀의 몸짓으로 하는 말을 듣는 것이다. 어떤 경우에는 신체 언어를 잘 관찰하면 입으로 하는 말보다 더 정확하게 자녀의 마음을 읽어 낼 수 있다. 표정이 어두워지면서 찡그린다거나, 눈을 마주치지 못하고 불안해하거나, 주먹을 불끈 쥔다든지, 눈물을 흘리면서 입술을 깨문다면 자녀의 마음을 어느 정도 짐작할 수 있다. 자녀의 말과 신체 언어가 일치하지 않을 때는 진솔하게 다가가서 실제 속마음을 물어 보아야 한다.

여섯째, 경청은 온몸으로 들어 주는 것이다. 경청은 귀로만 듣는 것이 아니라 눈을 마주치고, 입으로는 "아! 그랬구나. 참 힘들었겠다!" 등 공감하는 말을 해 주고, 손은 소중한 자녀를 위해 아무것도 하지 않는 것을 보여 주어야 한다. 그러면서 중간중간 자녀의 말에 귀를 기울이고 있다는 의미로 고개를 끄덕이며 계속 표현해 주어야 한다. 특히 그동안 부모와 대화가 잘 안 되었던 10대들에게는 자신의 말을 부모가 잘 듣고 이해하고 있음을 알려 줄 필요가 있다. "친구들과 영화 보러 가고 싶은데 이달 받은 용돈이 다 떨어졌다는 거구나! 그런데 아빠가 알면 화낼까 봐 걱정도 된다는 말이구나!" 부모가 들은 대로 다시 말해 주면서 자녀의 마음까지 알아 주고 있음을 전하는 게 좋다.

자녀가 좋아하는 경청은 이처럼 귀와 눈, 손, 입 그리고 온몸으로 하는 것이다. 자녀를 한 인격체로 존중한다는 마음을 담아서 경청하다 보면 관계가 개선되고, 자연스럽게 사춘기 자녀와 부모 사이에도 깊은 대화를 할 수 있게 된다. 이런 대화가 거듭되면 부모로부터 억압받았다고 느껴졌던 마음이 사라지게 되는 것이다.

적용하기

1. 다음 여섯 가지 경청 방법을 꾸준히 실천해 보자.
   - 자녀의 말을 끊지 않고 들어 주기
   - 자녀의 눈을 바라보며 집중하기
   - 부모는 가능한 한 말을 적게 하기(잔소리하지 않기)

- 문제를 해결해 주려고 하지 말고 감정을 받아 주기
- 눈과 표정 그리고 손으로 하는 말을 들어 주기
- 온몸을 자녀에게 집중해 진심으로 들어 주기

2. 자녀와 갈등이 있을 때 어떻게 대화를 하는지 다음 [표 7] 과 같은 형식으로 기록해 보자.

[표 7] 대화 기록지

2017년　월　일　장소		시간		대상	
나(부모)	뭐 하니?				
자녀(이름)	….				
나(부모)	왜 대답이 없어?				
자녀(이름)	아~ 짜증 나!!				

※ 자녀와 어떤 대화를 주고받았는지 자녀의 입장에서 느낀 점을 적어 보자.

7. 방치된 '내면 아이'

① 나의 부모님에게 이런 성향이 있었나?('예'라고 생각되면 □에
   √로 체크하세요.)

□ 자녀에게 무관심하여 아이가 혼자 지내는 시간이 많았다(오
   랫동안 자녀를 떼어 놓은 적이 있다).

□ 영양가 있는 음식을 잘 갖추어 먹이지 못했다.

□ 자녀가 어린 시절 갖고 싶어 하는 장난감이나 물건을 주지
   못했다.

□ 자녀와 함께 놀아 주거나 따뜻하게 대화하는 시간이 많지
   않았다.

□ 쓰다듬거나 안아 주는 접촉이 부족하거나 없었다.

□ 부모님이 이혼 또는 한 분이 일찍 돌아가시는 경험을 했다.

□ 자녀의 정서 상태에 관심을 기울여 주지 못했다(예: 달래 주
   고 위로하고 공감하고 지지해 주는 것).

□ 감정의 공감대가 잘 형성되지 않아 차갑거나 냉정하게 보였다.

체크한 문항 (   )개

② 나에게 이런 성향이 있는가?

□ 외로움을 느낄 정도로 혼자 지내며 어떤 일에 지나치게 몰
   입한다.

□ 나는 사람들로부터 소외감을 잘 느끼며 소속감이 없다.

□ 마음속으로는 사람들과 친밀감을 형성하고 싶으나 그 방법을 알지 못한다.

□ 나는 새로운 장소에 가면 쉽게 적응을 하지 못하며, 소속감을 갖는 데 오랜 시간이 걸린다.

□ 나는 부모의 이혼 또는 사망을 경험했으며 우울, 불안감을 가지고 있다.

□ 나는 동생이 태어난 이후 심한 박탈감을 느낀 경험이 있다.

□ 나는 나 자신에게 소홀하며 스스로의 욕구나 필요를 무시하려고 한다.

□ 나는 관심과 돌봄을 받고 싶은 욕구를 부정하거나 억압하려는 경향이 있다.

□ 나는 마음이 항상 허전하고 부족함을 느낀다.

□ 나는 윗사람에게 예를 갖춘 인간관계는 할 수 있으나 친밀한 관계 형성은 어려워한다.

□ 나는 삶에 생동감이 없고 지금 하는 일이 생생하게 느껴지지 않는다.

□ 나는 사람들과 함께 있으면 부담스러우며 쉽게 피로를 느낀다.

□ 나는 슬픔이나 분노의 감정을 표현하는 것이 잘 안 되고 외로운지, 슬픈지, 무엇을 원하는지에 대한 이야기가 분명하지 못하다.

□ 나는 타인의 감정을 파악하는 데 어려움을 느끼고 함께 어

울리는 것이 잘 안 된다.

☐ 나는 감정의 공감대가 잘 형성되지 않아 차갑거나 냉정하게 보인다.

☐ 나는 손 잡아 주기, 안아 주기 등 신체 접촉을 쑥스럽게 생각하며 수치스럽게까지 생각하기도 한다.

☐ 나는 어떤 일에 몰두하는 것은 내적인 외로움이나 공허감에서 벗어나기 위한 수단이 될 때가 있다.

체크한 문항 (   )

③ 아이에게 이런 성향이 있는가?

☐ 친구가 없고 혼자 지내며 외톨이 같은 느낌이 든다.

☐ 다른 사람들과 친밀감을 형성하고 싶으나 그 방법을 모르는 것 같다.

☐ 새로운 곳에 가면 쉽게 적응하지 못하며, 친구를 사귀는 데 오래 걸린다.

☐ 동생이 태어난 이후 심한 박탈감을 느낀 경험이 있다.

☐ 자신에게 소홀하며 스스로의 욕구나 필요를 무시하려고 한다.

☐ 관심과 돌봄을 받고 싶은 욕구를 부정하거나 억압하려는 경향이 있다.

☐ 여러 사람이 함께 있는 것을 부담스러워하며 쉽게 피로를 느낀다.

☐ 타인의 감정을 이해하고 공감하는 능력이 부족하다.

□ 다른 사람과 공감대가 잘 형성되지 않아 차갑고 냉정해 보인다.

□ 신체 접촉을 쑥스럽게 생각하며 수치스럽게까지 생각하기
　도 한다.

□ 외로운 느낌에서 벗어나기 위해 어떤 일에 지나치게 몰두한다.

체크한 문항 (　　)

총 36개 문항 중 체크한 개수 (　　)

36개 문항 중 '예'라고 체크한 것이 17개 이상이면 다음 분석표를 작성해 본다. 그 미만일 경우에는 생략하고 〈8. 거절당한 '내면 아이'〉 편으로 넘어가도 좋다. 아이 내면을 알기 위한 질문지나 다음의 분석표는 예측일 뿐이다. 내면의 성향을 알아보는 정도의 도구로만 사용해야 하며, 절대적인 진단지로 해석할 필요는 없다. 다만 자신의 내면에 자리한 정서에 대해 솔직하고 정확하게 답을 했다면 질문지를 통해 방치된 '내면 아이'의 성향을 알 수 있게 된다. 방치된 '내면 아이'의 성향을 알게 되면 그 내면에 숨어 있는 '방치된 고통의 주제'를 꺼내어 찾을 수 있고 그 문제에 집중하여 치유할 수 있다.

[표 8] 방치된 '내면 아이' 성향 분석

질문 내용	√한 개수		성향 예측
① 나의 부모님에게 이런 성향이 있었나?	( )/8	0~1개	부모로부터 방치의 정서를 받지 않았다.
		2~4개	부모로부터 방치의 정서를 경험했고 그 영향을 조금 받았을 수 있다.
		5개 이상	어린 시절 부모로부터 방치의 정서를 많이 경험했고, 그 영향을 받아서 나에게도 비슷하게 있을 수 있다.
② 나에게 이런 성향이 있는가?	( )/17	0~2개	방치된 내면의 성향이 없다.
		3~5개	방치된 내면의 성향이 조금 있다.
		6~9개	나에게는 방치된 내면의 성향이 있다고 인정하고 치유를 위해 공부해야 한다.
		10개 이상	방치된 내면의 성향으로 인해 나와 주변 사람들을 힘들게 할 수 있다. 이 책을 끝까지 정독하며 스스로 치유를 위해 노력하고, 그래도 안 되면 전문가의 상담을 권한다.
③ 아이에게 이런 성향이 있는가?	( )/11	0~2개	방치된 내면의 성향이 없다.
		3~4개	방치된 내면의 성향이 조금 있다.
		5~7개	전형적인 방치된 내면의 성향이 삶에서 나타날 수 있다.
		8개 이상	방치된 내면의 성향으로 인해 힘들어 할 수 있다. 부모가 이 책을 끝까지 정독하며 치유를 도와주기를 권한다.
총	( )/36	0~4개	'② 나에게 이런 성향이 있는가?'의 항목에서 체크한 문항이 10개 이상이고, 모두 합쳐 18개 이상이면 치유를 위한 적극적인 노력이 필요하다. 부모로부터 이어받고 자녀에게 흘러가고 있다고 봐야 하기 때문이다.
		5~17개	
		18개 이상	

[표 9] 아이 내면을 알기 위한 질문지(3): 방치

	질 문 내 용	예	아니오
1	나는 관심과 돌봄을 받고 싶은 욕구를 부정하거나 억압하려는 경향이 있다.		
2	나는 관심과 돌봄을 받고 싶은 욕구를 표현하는 데 어려움을 느낀다.		
3	나는 마음이 허전하고 텅 빈 느낌을 가질 때가 종종 있다.		
4	나는 외로움을 자주 느끼며, 외로움이라는 정서에 익숙하다.		
5	내가 어떤 일에 몰두하는 것은 내적인 외로움이나 공허감에서 벗어나기 위한 수단이 될 때가 있다.		
6	나는 인간관계에서 종종 소외감을 느끼고 외톨이가 된 것 같은 느낌이 든다.		
7	나는 새로운 장소에 가면 쉽게 적응이 되지 않으며, 소속감을 갖는 데 오랜 시간이 걸린다.		
8	나는 사람들과 잘 어울려서 친밀감을 형성하고 싶지만 그 방법을 잘 모른다.		
9	나는 나의 삶이 생생하지 않고 그림자처럼 느껴질 때가 있다.		
10	나는 사람들과 함께 있으면 부담스럽고 쉽게 피로를 느낀다.		
11	나는 사람들과 함께 있는 것보다 혼자 있는 것이 편하고 좋다.		
12	나는 나의 감정 상태가 어떤지 모를 때가 자주 있다.		
13	나는 다른 사람의 감정을 이해하고 공감하는 능력이 부족하다고 느낀다.		

'예'에 표시한 개수 　　　(　)개

체크한 개수	방치된 '내면 아이'의 성향(예측)
0~2개	방치된 '내면 아이'의 성향이 없다.
3~4개	방치된 '내면 아이'의 성향이 조금 있다.
5~7개	자녀에게 방치된 '내면 아이'의 성향이 있다고 인정하고 치유하기 위해 공부해야 한다.
8개 이상	방치된 '내면 아이'의 성향으로 인해 자신과 주변 사람들을 힘들게 할 수 있다. 이 책을 끝까지 정독하며 치유를 위해 노력하기를 권한다.

방치된 '내면 아이' 성향이 보인다면
(5개 이상 체크한 경우)

자녀와 즐겁게 노는 시간을 만들자

자녀와 즐겁게 놀아라. 이것은 자녀 교육의 기본이다. 이것이 충족되지 못한 채 어린 시절부터 방치되어, 부모에게 사랑받는다는 확신과 친밀감을 느끼지 못하고 자란 자녀가 있다면 지금이라도 자녀와 함께하는 시간을 만들어야 한다.

방치된 '내면 아이'를 예방하기 위해서는 자녀와 아름다운 추억을 많이 만드는 것이 무엇보다 중요하다. 그런데 요즘은 대부분의 부모가 직장이나 사업 때문에 바빠서 자녀와 함께 대화를 하거나 놀이를 하는 시간이 턱없이 부족하다. 부모는 자녀에게 일하는 모습만 보여 주고 있고, 자녀가 공부하고 있는 모습만 보고 싶어 한다. 이대로 세월이 지나 자녀가 독립할 나이가 되면, 부모는 부모대로 자녀는 자녀대로 각각의 삶을 남처럼 살아가게 된다.

방치된 '내면 아이'를 치유하고 부모-자녀 간 좋은 관계를 형성할 수 있는 가장 쉬운 방법 중의 하나는 '함께 놀기'다.

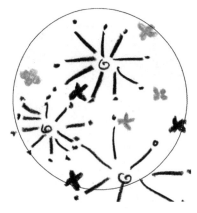

[그림 4] 내가 좋아하는 것 엄마와 함께할 때

자녀와 함께 계획하라

"우리 애는 뭐든 나와 함께 하는 걸 싫어해요. 어떻게 하면 좋죠?"

자녀 교육에 대한 강의를 마치고 나면 흔하게 듣는 10대 자녀를 둔 엄마의 불만 섞인 질문이다. 그럴 때 내가 부모에게 하는 질문이 있다.

"친척집 방문이나 여행 계획을 세울 때 자녀와 상의하셨나요?"

보통은 부모 계획을 다 세워 놓고 하루 전 자녀에게 통보하는 경우가 많다. 어른도 그렇지만 10대는 더더욱 친구들과 어울리는 시간이 매우 중요하다. 또래와 함께 마음을 나누고 친밀감을 형성하며 공감하며 즐거워하는 경험이 아주 중요한 시기다. 친구들과 나름대로 계획을 세우고 약속을 잡아 놓았는데 부모가 갑자기 여행이나 친척 집 방문을 제안하면 매우 난감해진다. 친구 사이에서 약속을 잘 깨고 지키지 않는 아이라고 비난을 받을 수도 있기 때문이다. 이런 일이 자주 반복되면 친구 사이에서 신뢰를 잃게 된다. 이것이 10대들에게는 큰 문제이고, 부모가 폭력을 쓰는 것 같은 느낌을 받게 한다. 그래서 가지 않겠다고 말하면(부모에게 자초지종을 상세히 설명하며 양해를 구하는 사춘기 자녀는 흔치 않다.) 부모는 거절당한 것 같아 화를 낸다.

두 번째 질문은 "10대 자녀가 무엇을 좋아하고 관심을 가지고 있는지 고려했나요?"이다.

첫 번째 질문이 시간 계획(스케줄)을 세울 때 미리 자녀와 함께 상의하는 것의 중요성을 말할 것이라면, 두 번째 고려 사항은 '자녀의 관심사를 염두에 둔 계획인가?'의 문제다.

아빠 내일 아빠 낚시 가는데 너도 같이 가지 않을래?

아들 싫어요!

아빠 왜 싫어? 너 요즘 이상해졌다?

아들 따분하고 지루해서 싫어요.

아빠 초등학교 땐 잘 따라갔잖아…. 중학생 되더니 이상해졌네?

아들 ….

아빠 이게 중2병인가?

아들 (방으로 들어가 버린다.)

자녀가 10대일 때는 부모 자신이 좋아하는 것을 잠시 내려놓고 자녀가 좋아하고 요구하는 것을 함께 해 줄 필요가 있다. 10대 자녀가 부모와 함께 시간을 보내 주는 것만으로 감사하며 그들의 요구를 충족시켜 주자. 이렇게 되면 자녀는 존중과 사랑을 받고 있다는 것을 느끼고 부모와 함께 시간을 보내는 것을 즐거워하게 된다. 10대 자녀는 몇 년 안에 부모의 품을 떠나는 성인이 된다. 지금이 마지막 기회라는 생각으로 자녀에게 집중하자.

#사례: 철새와 사춘기, 그리고 함께 있어 준 어른

정운이는 말이 없고 조용히 혼자 있는 것을 좋아하는 남학생이었다. 중학교에 입학한 지 한 달이 지났지만 늘 혼자였다. 4월 어느 날 점심시간, 운동장 동편 나무 위의 무엇인가를 유심히 바라보고 있는 정운이가 눈에 띄었다.

"정운아! 뭐 하니?"
"새 보고 있어요."
"새?"
"네, 저기 나무 위에 새가 앉아 있잖아요."
"어, 나도 보인다! 그런데 정운이는 새를 좋아하니?"
"네, 새 관찰하는 게 재미있어요."

'새'라는 관심사를 통해 정운이는 편안하게 교장 선생님인 필자와 대화를 나눌 수 있었다. 정운이는 말이 없는 아이 같지만 본인이 좋아하고 호기심을 갖고 있는 일이 대화 주제가 되면 말도 잘하고 적극적이며 눈도 반짝반짝 빛났다.

그날 이후 정운이는 나와 함께 점심시간이면 새를 관찰했다. 정운이는 조류 도감을 읽고 새에 대해 꾸준히 공부하며 새 이름을 외웠다. 철새에 대한 공부도 열심히 하며 관찰했다. 언제 한국에 들어와 여름 혹은 겨울을 나고 언제 남쪽이나 북쪽으로 이동하는지 알게 되었다. 그러던 어느 날 정운이가 나에게 말했다.

"우리 학교에 새가 많이 날아왔으면 좋겠어요."

"오, 그래? 어떻게 하면 새가 날아올까?"

"두 가지 조건이 필요해요."

"어떤 조건?"

"물웅덩이와 먹이가 필요해요."

"정운아, 그런데 물웅덩이는 이미 옆에 있는 군부대에 호수처럼 커다란 연못이 있는데 거기로 가지 않을까?"

"아니에요. 그 연못은 너무 커요. 작은 새들은 작은 물웅덩이가 필요해요. 도시에 사는 작은 새들은 목욕할 장소가 없을 때는 깨진 유리병에 고인 물에서도 목욕을 해요."

"아, 그렇구나! 정운이는 새에 대해서 많이 알고 있구나! 조류박사 같은데?"

"네, 저는 조류학자가 꿈이에요."

이날 정운이가 제안한 대로 나는 학교 담장 밑에 조그마한 물웅덩이를 만들고 먹이통도 나무에 달았다. 또한 학생부장 선생님이 생태반 동아리를 만들어서 열다섯 명의 아이들이 정운이와 함께 새를 관찰하거나 자연 생태에 대해 공부하게 되었다. 정운이가 생태 동아리의 반장이 되었다. 정운이는 더 이상 혼자가 아니었다. 답사 계획을 세워 동아리를 이끌고 습지와 철새들의 도래지를 방문하기도 하는 리더로 성장하게 되었다.

[그림 5] 학교 숲에 만든 새 먹이통 사진

어느 날 점심시간에 나는 정운이와 함께 새를 관찰하고 교장실에 들어와서, 정운이에게 우리 학교 운동장으로 날아드는 새의 이름을 종이에 적어 보게 했다. 4월 말쯤에는 참새, 까치, 직박구리, 박새, 쇠박새, 숲새, 쇠유리새, 큰유리새, 곤줄박이, 딱새, 제비, 붉은머리오목눈이, 멧비둘기 등으로 13종이나 되었다. 그리고 정운이의 마음속엔 수많은 새 친구들이 있었다.

5월 어느 날, 나는 점심 먹는 것도 잊은 채 정운이와 함께 운동장 한쪽에서 새를 기다리고 있었다. 그런데 순간 붉은머리오목눈이 한 마리가 날아와서는 몇 번을 두리번거리더니 지난번 만들어 놓은 물웅덩이로 들어갔다. 물에 들어갔다 나와서 몸의 물을 털고 또 들어갔다가 나와서 몸의 물을 터는 동작을 반복했다. 귀엽고 신기한 장면을 목격한 나도 점점 그 매력에 빠져들게 되었다. 붉은머리오목눈이가 날아간 후 정운이와 나는 물웅덩이에서 햇빛에 반짝이는 물체를 발견했다. 웅덩이를 만들면서 물이 새나가지 않도록 바닥에 깔아 놓은 비닐이 햇빛을 받아서 반짝거리는 것이었다. 이 반짝임이 새들이 오는 것을 방해할 것 같다는 생각에 이 문제를 어떻게 해야 할까 고민하다, 비닐 위에 자갈과 모래를 깔아 주었다. 물웅덩이 바닥과 둑에 노출됐던 비닐이 자갈과 모래로 감추어지자 반짝거리는 게 많이 줄어들었다. 정운이는 뿌듯한 표정으로 "물 표면에서 반사되는 빛은 새들도 싫어할 거예요."라고 말하며 교실로 들어갔다.

[그림 6] 정운이가 만든 '새들이 와서 목욕하는 작은 물웅덩이'

　새들을 관찰하는 동안 정운이는 더 이상 방치된 외로운 아이가 아니었다. 왕따도 아니었다. 정운이와 함께하는 열 명 이상의 생태 동아리 친구가 생겼기 때문이다.

적용하기

● 나는(부모) 친척집 방문이나 여행 계획을 세울 때 자녀와 상의하는가?

● 우리 아이는 무엇을 좋아하고 관심을 가지고 있는가? 자녀와 함께 즐겁게 활동할 계획을 구체적으로 세워 보자.

8. 거절당한 '내면 아이'

① 나의 부모님에게 이런 성향이 있었나?('예'라고 생각되면 □에
√로 체크하세요.)

□ 부모님의 마음속에 자녀가 머물 공간이 없었다.

□ 자녀를 존재적으로 인정하지 않고, 무거운 짐처럼, 불행의
  원인처럼 느꼈다.

□ 출산을 후회한 적이 많았다("어쩌다가 쟤가 생겼는지 몰
  라.", "낳지 말았어야 했는데." 등의 말을 자주 사용했다).

□ 어린 자녀를 친척집이나 다른 집에 맡겨 놓고 며칠 동안 데
  려오지 않은 경험이 있다.

□ 자녀가 태어난 후 부모님의 꿈을 펼칠 수 없게 되었고 사회
  활동을 포기하게 되었다.

□ 과격한 분노와 적대감, 원한 같은 감정을 자주 표현했다.

□ 상대방에게 무관심하고 상호작용이 단절돼 대인관계가 단
  조로웠다.

□ 타인을 의심하며 불신감으로 꽉 차 있었다.

□ 매우 자기중심적이며 다른 사람들에게 차가운 사람으로 보
  였다.

□ 삶에 대한 에너지가 부족하며 무력감, 우울감에 시달렸다.

체크한 문항 (　)

② 나에게 이런 성향이 있는가?

☐ 내 마음속에 자녀가 머물 공간이 없고 나도 모르게 아이를 거절한다.

☐ 나는 자녀를 존재적으로 인정하지 않고, 무거운 짐처럼 느낀다.

☐ 나는 출산을 후회한 적이 많다("낳지 말았어야 했는데.", "쟤가 없었으면 내가 불행해지지 않았을 텐데." 등등).

☐ 나는 아이가 어렸을 때 친척집이나 다른 집에 맡겨 놓고 며칠 동안 데려오지 않은 경험이 있다.

☐ 나는 아기를 원하지 않았는데 임신을 해 출산했다.

☐ 나는 아들을 원했는데 딸이 태어났다(그와 반대로 딸을 원했던 경우도).

☐ 나는 자녀가 태어난 후 나의 꿈을 펼칠 수 없게 됐고 사회활동을 포기하게 되었다.

☐ 나는 자녀에게 지나치게 집착한다.

☐ 나는 타인의 따뜻한 사랑과 수용 그리고 친밀감을 기대하지 않는다.

☐ 나는 누군가로부터 애정을 받고 있다는 감정을 느끼면 그 상대에게 집착하며 매달린다.

☐ 나는 상대방에게 가까이 다가가지 못하며 상대방이 다가오면 먼저 거절한다.

☐ 나는 거절당하지 않기 위해 상대방이 원하는 대로 다 해 주

며 이용당하기도 한다.

□ 나는 필요 이상으로 과격한 분노와 적대감, 원한 같은 감정을 자주 표현한다.

□ 나는 상대방이 하는 말에 무관심하고 상호작용이 단절되며 대인관계가 단조롭다.

□ 나는 상대방의 행동을 쉽게 오해해 거절이 아닌데도 거절당했다고 느낀다.

□ 나는 타인을 의심하며 불신감으로 꽉 차 있고 호의적 행동도 그대로 받아들이지 못하고 믿지 못한다.

□ 나는 매우 자기중심적이며 다른 사람에게 차가운 사람, 냉정한사람으로 보인다.

□ 나는 법과 질서를 위반하고도 죄책감을 느끼지 못한다.

□ 나는 자존감이 낮고, 늘 수치심을 느끼고 있다.

□ 나는 삶에 대한 에너지가 부족하며 무력감, 우울감에 시달린다.

□ 나는 마약, 인터넷, 술, 오락 등에 깊이 빠져들어 중독된 경험이 있다.

체크한 문항 (   )

③ 아이에게 이런 성향이 있는가?

□ 친척집이나 다른 집에 맡겨져 며칠 동안 데리러 오지 않은 경험이 있다.

□ 누군가로부터 애정을 받고 있다는 감정을 느끼면 그 상대에게 집착하며 매달린다.

□ 상대방에게 가까이 다가가지 못하며 상대방이 다가오면 자신이 먼저 거절한다.

□ 거절당하지 않기 위해서 상대방이 원하는 대로 다해 주며 이용당하기도 한다.

□ 필요 이상 과격한 분노와 적대감, 원한 같은 감정을 자주 표현한다.

□ 상대방이 하는 말에 무관심하고 상호작용이 단절되며 대인관계가 단조롭다.

□ 상대방의 행동을 쉽게 오해해 거절이 아닌데도 거절당했다고 느낀다.

□ 타인을 의심하며 불신감으로 꽉 차 있고 호의적 행동도 그대로 받아들이지 못하고 믿지 못한다.

□ 매우 자기중심적이며 다른 사람에게 차갑고 냉정한 아이로 보인다.

□ 법과 질서를 위반하고도 죄책감을 느끼지 못한다.

□ 자존감이 낮고, 늘 수치심을 느끼고 있다.

□ 삶에 대한 에너지가 부족하며 무력감, 우울감에 시달린다.

□ 마약, 인터넷, 술, 오락 등에 깊이 빠져 중독된 경험이 있다.

체크한 문항 (　　)

총 44개 문항 중 체크한 개수 (　　)

44개 항목 중 '예'라고 체크한 것이 18개 이상이면 다음 분석표를 작성해 본다([표 10] 거절당한 '내면 아이' 성향 분석). 자신의 내면에 자리한 정서에 대해 솔직하고 정확하게 답을 했다면 질문지를 통해 거절당한 '내면 아이'의 성향을 알 수 있게 된다. 거절당한 '내면 아이'의 성향을 알게 되면 내면에 숨어 있는 '거절당한 고통의 주제'를 꺼내어 찾을 수 있고 그 문제에 집중하여 치유할 수 있다.

[표 10] 거절당한 '내면 아이' 성향 분석

질문 내용	√한 개수		성향 예측
① 나의 부모님에게 이런 성향이 있었나?	( ) /10	0~2개	부모로부터 거절당한 정서를 받지 않았다고 본다.
		3~5개	부모로부터 거절당한 경험을 했다고 볼 수 있다.
		6개 이상	어린 시절 부모로부터 거절을 많이 경험했고, 그 영향을 받아 나에게도 거절당한 '내면 아이'가 비슷하게 있을 수 있다.
② 나에게 이런 성향이 있는가?	( ) /21	0~3개	거절당한 '내면 아이' 성향이 없다고 본다.
		4~9개	거절당한 '내면 아이'의 성향이 조금 있다고 볼 수 있다.
		9~12개	나에게 거절당한 '내면 아이' 성향이 있다고 인정하고 치유를 위해 공부해야 한다.
		13개 이상	거절당한 '내면 아이'의 성향으로 인해 나와 주변 사람들을 힘들게 할 수 있다. 이 책을 끝까지 정독하고 스스로 치유를 위해 노력해야 한다.
③ 아이에게 이런 성향이 있는가?	( ) /13	0~2개	자녀에게 거절당한 '내면 아이'의 성향이 없다.
		3~4개	거절당한 '내면 아이'의 성향이 조금 있다고 볼 수 있다.
		5~8개	전형적인 거절당한 '내면 아이'의 성향이 삶에서 나타날 수 있다.
		9개 이상	거절당한 '내면 아이'로 인해 힘들어 할 수 있다. 부모가 이 책을 끝까지 정독하며 치유될 수 있도록 도와주기를 권한다.

총	( ) /44	0~7개	'② 나에게 이런 성향이 있는가?'의 항목에서 체크
		8~21개	한 문항이 9개 이상이고, 모두 합쳐 22개 이상이면
		22개 이상	치유를 위한 적극적인 노력이 필요하다. 부모로부 터 이어받고 자녀에게 흘러가고 있다고 봐야 하기 때문이다.

[표 11] 아이 내면을 알기 위한 질문지(4): 거절

	질문 내용	예	아니오
1	나는 다른 사람들로부터 사랑과 용납을 받고 싶은 강한 욕구가 있지만 애써 부인하고 억압한다.		
2	나는 누군가로부터 조금이라도 관심과 사랑을 받았다고 느끼면 집착적으로 매달리고 의존하는 경향이 있다.		
3	나는 사람을 만날 때 혹시 거절당할지도 모른다는 두려움을 느낀다.		
4	나는 어떤 사람과 가까운 사이가 되고 싶지만 쉽게 다가가지 못한다.		
5	나는 어떤 사람이 적극적으로 다가오면 도망을 가거나 피하는 경향이 있다.		
6	나는 상대방을 신뢰하지 못할지라도 계속 만남으로써 그에게 이용당할 때가 있다.		
7	나는 상대방의 행동을 쉽게 오해하고 상처 받는 경향이 있다.		
8	나는 의심이 많으며 상대방의 말을 잘 믿지 못한다.		
9	나는 사람들과 잘 어울리지 못하여 혼자 지내는 것이 편하다.		
10	나는 내 마음을 털어 놓을 수 있는 친구가 없다.		
11	나는 다른 사람들이 내게 해 주는 칭찬이나 비판적인 말에도 무관심하거나 무반응할 때가 있다.		
12	나는 다른 사람들과의 친밀한 관계를 별로 바라지 않고 즐기지도 않는 편이다.		
13	나는 자기중심적이며 냉정한 사람이라는 말을 들을 때가 있다.		
14	나는 가끔 부적절한 분노나 적개심을 느끼기도 한다.		
15	나는 인간관계가 원만하지 못하며 파괴적으로 끝나는 경우가 종종 있다.		
16	나는 가끔 사회의 법과 질서를 무시하고 싶을 때가 있다.		
17	나는 때때로 낮은 자존감과 수치심에 시달린다.		

18	나는 때때로 삶에 대한 의욕이 떨어지고 무력감과 우울감에 시달린다.		
19	나는 무엇인가에 중독되어 본 경험이 있다(일 중독 포함).		

'예'에 표시한 개수　　　(　)

체크한 개수	거절당한 '내면 아이'의 성향(예측)
0~3개	거절당한 '내면 아이' 성향이 없다.
4~6개	거절당한 '내면 아이'의 성향이 조금 있다고 볼 수 있다.
7~11개	거절당한 '내면 아이' 성향이 있음을 인정하고 치유를 위해 꾸준히 도와주어야 한다.
12개 이상	거절당한 '내면 아이'의 성향으로 인해 자신과 주변 사람들을 힘들게 할 수 있다. 이 책을 끝까지 정독하며 치유를 위해 꾸준히 노력해야 한다.

거절당한 '내면 아이'의 성향을 보인다면
(7개 이상 체크한 경우)

안아 주기 / 손잡기 / 하이파이브 / 쓰다듬어 주기

자녀가 아기였을 때는 무릎에 앉히고 밥을 먹이거나 안아 주고 뽀뽀해 주고 업어 주는 일이 자연스러운 일이었다. 누구나 자녀를 사랑하는 마음이 있으면 위와 같은 신체 접촉은 자연스러운 일이다. 그러나 어린 시절 부모로부터 이러한 신체적 접촉이나 따뜻한 사랑을 받지 못하고 자랐다면 거절당했다고 느끼며 상처로 남게 된다. 이처럼 거절당한 내면의 상처를 치유하기 위해 부모가 사춘기 자녀를 안아 주거나 손을 잡으려고 하면 싫어하거나 피하기도 한다.

사춘기 청소년과의 신체 접촉을 통한 사랑과 인정의 표현은 신중하게 고려해야 할 점이 많다. 사춘기 아이는 기분이 좋지 않을 때는 신체가 닿는 것을 싫어하기 때문이다. "나 지금 허그할 기분 아니니 건들지 마세요."라고 말하는 것이다. 이러한 자녀의 신체 언어를 잘 읽고 존중해 주어야 한다. 그러나 허그나 하이파이브를 부담 없이 받아들이거나 오히려 적극적으로 원할 때도 있다. 농구나 축구 경기에서 골을 넣었거나 연극 공연이나 악기 연주를 성공적으로 잘해 낸 직후다. 또 하나의 적절한 타임은 실패와 좌절 속에서 힘들어 할 때이다. 자신의 노력이나 기대한 대로 성적이 나오지 않아 눈물을 흘리고 있는 때도 어깨에 손을 얹고 말해 준다. 부모가 이렇게 대해 주면 자녀의 상처는 치유되고 위로를 받게 된다.

"수고했어! 속상하지?"

적용하기

● 최근 자녀와 스킨십을 한 것은 언제, 어떤 것이었나?
그때 자녀의 반응은?

언제: 어떤 스킨십: 자녀의 반응:

● 그동안 스킨십이 부족했다면 그 이유는 무엇인가? 아이는 어떤 스킨십을 좋아하는지 찾아보고 실천할 구체적인 방법을 알아보자.

9. 징벌 받은/학대받은 '내면 아이'

① 나의 부모님에게 이런 성향이 있었나?('예'라고 생각되면 □에 √로 체크하세요.)

□ 자녀에게 미움, 분노, 적개심 등을 자주 보였다.

□ 자신의 감정을 숨기고 태연한 척할 때가 많았다.

□ 자녀가 잘못을 했을 때 타이르는 대신 모욕적인 언어를 써가며 욕을 했다.

□ 손바닥으로 때리거나 주먹 또는 물건을 사용하여 매를 들었다.

□ "난 널 이미 포기했어!", "내가 뭐라고 했니?" 등 자녀를 지나

치게 불신했다.

☐ 때리고, 처벌하는 것이 좋은 교육 수단이라고 생각했다.

☐ 낮은 자존감에서 오는 분노를 자녀에게 자주 폭발했다.

☐ 거짓말이나 속임수와 같은 행동을 할 때가 많았다.

☐ 지나치게 선과 악의 경계를 지으려는 경향이 있었다.

☐ 자녀를 학대한 후 죄책감 때문에 지나치게 과잉보호한 경우
가 있다.

체크한 문항 (　　)

② 나에게 이런 성향이 있는가?

☐ 나는 가끔씩 내가 나쁘다는 생각이 들곤 한다.

☐ 타인의 권리를 침해하거나 사회의 법과 질서를 자주 무시하
고 위반한다.

☐ 나는 정서적으로 불안하고 주의 집중이 어렵다

☐ 나는 스스로 자신이 나쁜 사람이라는 부정적 자아상을 가진
다.

☐ 나는 자존감이 낮고 항상 수치심을 느낀다.

☐ 나는 죄책감을 느끼지 않아도 될 때 부적절한 죄책감을 느
낀다.

☐ 나 스스로 처벌을 받는 것이 당연하다고 생각한다.

☐ 나는 인생에서 당연히 누려야 할 행복을 누리지 못한다.

☐ 나는 가끔씩 부적절한 증오심, 분노, 복수심을 느낀다.

- ☐ 나는 죄책감으로 인해 자책하며 밥을 굶거나 외출을 안 하는 등 스스로 자신을 처벌한 적이 있다.
- ☐ 나는 학창 시절 학습 장애, 품행 장애의 경험이 있다.
- ☐ 나는 무엇인가 잘못하고 있는 것 같은 죄책감이 늘 있다.
- ☐ 나는 사람들이 나를 부정적인 시각으로 바라보거나 비난하는 것처럼 느낀다.
- ☐ 나는 사람들을 잘 믿지 못하는 경향이 있다.
- ☐ 나는 내 마음속에 두려움이 있다는 것을 상대방이 알까 봐 걱정한다.
- ☐ 나는 내가 계획한 일이 잘되지 않을 것이라는 불길한 생각을 하곤 한다.
- ☐ 나는 나의 감정을 숨기고 태연한 척할 때가 많다(예: 불안하지 않은 척, 슬프지 않은 척, 무섭지 않은 척 행동함).
- ☐ 나는 자발성이나 창의성이 떨어진다.
- ☐ 나는 삶의 기쁨, 즐거움, 행복을 잘 느끼지 못한다.
- ☐ 나는 거짓말이나 속임수와 같은 행동을 할 때가 자주 있다.
- ☐ 나는 내 안에 있는 분노나 복수심 등이 탄로 나거나 내 스스로 통제하지 못하고 폭발하게 될까 봐 두려움을 느낀다.
- ☐ 나는 타인의 비도덕적인 행동을 보면 지나치게 독선적으로 반응한다.

체크한 문항 (　　)

③ 아이에게 이런 성향이 있는가?

☐ 학습 장애, 품행 장애의 경험이 있다.

☐ 스스로 자기가 나쁜 아이라는 부정적 자아상을 가지고 있다.

☐ 타인의 권리를 침해하거나 법과 질서를 쉽게 무시하고 위반
한다.

☐ 정서적으로 불안하고 산만하며 주의 집중을 잘 못한다.

☐ 자기 자신을 학대한다(자학적).

☐ 때때로 부적절한 분노와 복수심에 시달린다.

☐ 자존감이 낮고 항상 수치심을 느낀다. 죄책감을 느끼지 않
아도 될 때 부적절한 죄책감을 느낀다.

☐ 자신이 처벌 받고 학대당하는 것을 당연하다고 생각하고 기
대한다.

☐ 사람에 대한 불신감이 크고 상대방을 경계한다.

☐ 자신이 계획한 일이 잘되지 않을 것이라는 두려움이 크다.

☐ 타인의 비도덕적인 행동을 보면 지나치게 독선적인 반응을
보인다.

체크한 문항 (   )
총 44개 문항 중 체크한 개수 (   )

[표 12] 징벌 받은 '내면 아이' 성향 분석

질문 내용	√한 개수	성향 예측	
① 나의 부모님에게 이런 성향이 있었나?	( ) /10	0~2개	부모로부터 징벌의 영향을 받지 않았다고 본다.
		3~5개	부모로부터 징벌 받은 경험을 했다고 볼 수 있다.
		6개 이상	어린 시절 부모로부터 징벌이나 학대를 많이 경험했고, 그 영향을 받아 나에게도 징벌 받은 '내면 아이'가 비슷하게 있을 수 있다.
② 나에게 이런 성향이 있는가?	( ) /22	0~3개	징벌 받은 '내면 아이' 성향이 없다고 본다.
		4~9개	징벌 받은 '내면 아이'의 성향이 조금 있다고 볼 수 있다.
		9~12개	징벌 받은 '내면 아이' 성향이 있다고 인정하고 치유를 위해 공부해야 한다.
		13개 이상	징벌 받은 '내면 아이'의 성향으로 인해 나와 주변 사람들을 힘들게 할 수 있다. 이 책을 끝까지 정독하며 스스로 치유를 위해 노력해야 한다.
③ 아이에게 이런 성향이 있는가?	( ) /11	0~2개	징벌 받은 '내면 아이'의 성향이 없다고 본다.
		3~4개	징벌 받은 '내면 아이'의 성향이 조금 있다고 볼 수 있다.
		5~8개	전형적인 징벌 받은 '내면 아이'의 성향이 삶에서 나타날 수 있다.
		9개 이상	징벌 받은 '내면 아이'로 인해 힘들어 할 수 있다. 부모가 이 책을 끝까지 정독하며 치유를 도와주기를 권한다.
총	( ) /43	0~7개	② 나에게 이런 성향이 있는가?의 항목에서 체크한 문항이 9개 이상이고, 모두 합쳐 22개 이상이면 치유를 위한 적극적인 노력이 필요하다. 부모로부터 이어받고 자녀에게 흘러가고 있다고 봐야 하기 때문이다.
		22개 이상	

[표 13] 아이 내면을 알기 위한 질문지(5): 징벌

질 문 내 용	예	아니오
1 나는 가끔씩 내가 나쁘다는 생각이 들곤 한다.		
2 나는 타인의 권리를 침해하거나 규칙에 반하는 행동이나 무시하는 경향이 있다.		
3 나는 정서적으로 불안하고 주의 집중이 어렵다.		
4 나는 학창 시절 학습 장애, 품행 장애의 경험이 있다.		
5 나는 항상 내가 무엇인가 잘못하고 있는 듯한 죄책감을 느낀다.		
6 나는 사람들이 나를 부정적인 시각으로 바라보거나 비난하는 것처럼 느낀다.		
7 나는 내 자신이 벌을 받을 것 같은 느낌이 든다.		
8 나는 삶의 기쁨, 즐거움, 행복을 잘 느끼지 못한다.		
9 나는 때때로 부적절한 분노와 복수심에 시달린다.		
10 나는 사람들을 잘 믿지 못하는 경향이 있다.		
11 나는 내 안에 있는 분노나 복수심 등이 탄로 나거나 스스로 통제하지 못하고 폭발하게 될까 봐 두려움을 느낀다.		
12 나는 내가 계획한 일이 잘되지 않을 것이라는 불길한 생각을 하곤 한다.		
13 나는 거짓말이나 속임수와 같은 행동을 할 때가 있다.		
14 나는 나의 감정을 숨기고 태연한 척할 때가 있다.		
15 나는 자발성이나 창의성이 부족하다고 느낀다.		
16 나는 타인의 비도덕적인 행동을 보면 지나치게 독선적으로 반응한다.		

'예'에 표시한 개수   (   )

체크한 개수	징벌 받은 '내면 아이'의 성향(예측)
0~2개	징벌 받은 '내면 아이'의 성향이 없다고 본다.
3~5개	징벌 받은 '내면 아이'의 성향이 조금 있다고 볼 수 있다.
6~10개	전형적인 징벌 받은 '내면 아이'의 성향이 삶에서 나타날 수 있다.
11개 이상	징벌 받은 '내면 아이'로 인해 힘들어 할 수 있다. 부모가 이 책을 끝까지 정독하며 치유할 수 있게 도와주기를 권한다.

43개 항목 중 '예'라고 체크한 것이 18개 이상이면 [표 12]를 작성해 본다. 그 미만일 경우에는 생략하고 〈10. 충동적인 '내면 아이'〉 편으로 넘어가도 좋다. 자신의 내면에 자리한 정서에 대해 솔직하고 정확하게 답을 했다면 질문지를 통해 학대받은 '내면 아이'의 성향을 알 수 있다. 학대당한 '내면 아이'의 성향을 알게 되면 그 내면에 숨어 있는 '징벌 받은 고통의 주제'를 꺼내어 찾을 수 있고 그 문제에 집중하여 치유할 수 있다.

징벌 받은/학대받은 '내면 아이'의 성향이 보인다면
(6개 이상 체크한 경우)

앤 설리번은 로라의 헌신적인 사랑과 돌봄에 힘입어 정신 질환에서 회복됐다. 그리고 정상적인 삶을 되찾은 앤 설리번은 헬렌 켈러를 평생 동안 잘 돌보며 세계적인 인물로 키워 냈다. 이 세 사람에 대한 이야기는 세상에 익히 잘 알려져 있는 사례다. 그러나 헬렌 켈러가 설리번에게 느낀 알 수 없는 모난 성격에 대한 이야기는 잘 알려져 있지 않다. 한 일간지에서는 이것을 '가슴속에 꾹꾹 묻어 둔 슬픈 비밀'이라고 말하며, '비밀 내용은 끝내 밝히지 않았다.'라고 쓰고 있다(「한겨레」 2017년 3월 3일자 2면). 나는 앤 설리번에게 '내면 아이'를 적용해 보면 흥미로운 결과가 나오겠다는 생각을 하게 되었다. 앤 설리번의 '내면 아이'가 어떻게 만들어졌는지 이 책의 내용을 따라가며 그 과정을 살펴보면 '내면 아이'를 이해하는 데 좋은 사례가 될 뿐 아니라, 밝혀지지 않은 내용을 충분히 추측할 수 있게 될 것이다.

앤 설리번의 어린 시절을 상상해 보자. 너무나 가난한 이민자 집안, 결핵을 앓다 죽은 엄마, 알코올 중독자 아버지, 보호 시설에 입소한 직후 사망한 동생…. 어린 앤에게는 감당하기 어려운 환경이었을 것이다. 얼마나 견디기 어려웠으면 시력을 잃고, 정신 질환을 앓게 되었을까. 이러한 절망적인 심리 상태는 수간호사 출신의 로라가 베푼 사랑과 헌신으로 치유됐지만, 내면의 상처는 그대로 잠재되어 있었을 것이다. 특히 아버지에 대한 이미지를 상상해 보자. 따뜻한 보살핌과 사랑을 받아야 할 나이에 알코올 중독자의 언어와 신체적 폭력에 그대로 노출된 어린 소녀의 내면은 상상 이상의 두려움과 공포에 떨고 있었을 것이다. 또한 열악한 보호 시설에서 받은 어른들로부터의 부정적 언어와 거절, 방치, 성적 수치, 억압 등의 고통이 앤 설리번의 내면에 남아 있게 되었을 것이다. 이러한 내면의 상처가 자라지 못한 '내면 아이'로 남아 주변 사람들과의 원만한 관계 맺기가 어려웠을 것이다. 이러한 내면 아이의 특징은 자신보다 약하고 돌봐야 할 상대에게는 한없는 연민의 정과 사랑을 쏟아부으며 헌신하지만, 자신보다 힘이 있고 권력이 있어 보이는 사람에게는 알 수 없는 적대감을 가질 수 있다.

이러한 사례는 앤 설리번에게만 있는 독특한 것이 아니다. 우리 주변에서도 쉽게 볼 수 있다. 어떤 사람에게는 참 좋은 사람인데 특정한 부류의 사람들과는 너무나 관계가 나쁜 모난 사람으로 보이는 사례가 그것이다. 자녀에게는 좋은 엄마, 참 좋은 아빠이고, 제자들에게는 참 좋은 선생님인데 이해할 수 없는 행동으로 주변 사람들을 놀라게 하는 경우가 그것이다.

로라 선생님이 자신을 헌신적으로 돌보고 사랑으로 대했듯이, 앤 설리번은 평생 헬렌 켈러를 돌보고 헌신적으로 그녀의 곁을 지켜 줄 수 있는 사람이었다. 하지만 헬렌 켈러가 고백한 바와 같이 앤 설리번은 주변 사람들과는 원한이 있는 것처럼 관계가 불편하고 모가 난 성격을 소유한, 이해할 수 없는 이상한 면이 있는 사람이었다. 이것을 느낌으로 잘 알고 있는 헬렌 켈러는 '설리번 선생님이 이상한 행동을 하는 진짜 이유'를 궁금해할 수밖에 없었을 것이다. 한편으로는 많이 혼란스러웠을 것이다. '이렇게 좋은 선생님이 다른 사람들과의 관계에게는 이해할 수 없는 행동을 하다니…'

헬렌 켈러의 이러한 궁금증은 앤 설리번의 어린 시절 스토리를 진솔하게 듣는 것부터 시작하면 쉽게 풀린다. 이 책에서 소개한 바와 같이, '내면 아이'가 어떤 과정을 통해 마음에 자리를 잡고 삶에 어떤 영향력을 행사하는지 공부하고, '진단 및 치유'에 대해 이해한다면 생각보다 간단하게 풀린다.

사랑과 존중

'훈육'이라는 이름으로 잘못 사용하는 체벌이나 폭력은 아이들의 분노와 적개심을 자극하여 반항하게 하고 원한을 품게 만든다. 이러한 방법으로 자존감을 높이는 것은 불가능하며, 교육 효과도 거의 없고, 부모나 자녀 모두에게 상처만을 남긴다. 이 훈육 방법의 부작용 때문에 '체벌 금지'나 '학생 인권 조례'가 등장하기에 이르렀다. 잘못 사용하는 체벌이나 폭력은 부모-자녀 사이의 좋은 관계를 망가뜨리고, 관계가 깨지면 결코 자녀들의 자존감을 높이거나 감화를 통한 변화를 기대하는 것은 불가능하다. 이것은 부모-자녀 관계뿐만이 아니라 모든 인간관계에 보편적으로 적용

[그림 7] 스승의 날 필자가 받은 깜짝 선물: 사랑과 존중은 행복한 가정과 학교를 만든다.

되는 법칙이다.

학대나 징벌 당한 자녀를 치유하는 좋은 방법은 부모-자녀가 서로 존중하는 관계를 만들고 유지하는 것이다. 아이의 상처를 치유하고 자존감을 높이기 위해서는 존중하는 언어와 태도로 그들을 대해야 한다.

자녀를 존중한다는 것은 부모가 그들의 말을 진지하게 받아 주며 경청하고, 그들 하나하나가 유일하며 가치 있는 존재라는 것을 말과 행동을 통해 알게 해 주는 것이다. 자녀는 부모가 자신의 말에 귀 기울이고 진지하게 들어 줄 때 자신이 고귀하고 가치 있는 하나의 인간으로 대접받고 존중받는다고 생각하며 자존감이 향상된다. 존중받는 느낌을 받아 자존감이 회복된 아이들은 치유되고 행동도 달라진다.

"미안해!"라고 말하기

부모·교사가 자녀·학생에게 미움이나 분노의 감정을 품은 채 말이나 신체적인 폭력을 가해 관계가 틀어지면 회복하기가 참 힘들다. 그래서 가능하면 자녀·학생의 감정에 상처를 내지 않으려고 노력해야 한다. 그러나 어쩌다 자녀·학생이 마음에 상처를 받게 되었다면 진심을 담아 "미안하다."라고 말해야 한다. 변명하는 말은 피하고 상처를 보듬어 안아 주려는 진실한 마음으로 사과하는 것이 좋다. 아주 어린 시절의 경험이 마음속에 깊이 감추어 있다가 어떤 계기로 드러나게 되었다면 지금이라도 사과해야 한다.

관계 회복의 가장 좋은 도구는 진심을 담아 "미안해!"라고 사과하는 것이다.

적용하기

- 자녀에게 사과해야 할 내용을 찾아보자.

- 부모로서 나의 '어떤 말과 행동'을 통해 아이는 '존중과 사랑을 받는다'는 것을 알게 될까? 존중하는 마음이 잘 전달되지 않는다면 그 이유는?

10. 충동적인 '내면 아이'

① 나의 부모님에게 이런 성향이 있었나?('예'라고 생각되면 □에
√로 체크하세요.)

□ 자녀의 적절치 못한 요구도 거절한 적 없이 모두 충족시켜
주었다.

□ 자녀 앞에서 쩔쩔매고 눈치를 보는 듯한 유약한 태도를 보
였다.

□ 매사에 일관성이 부족하며 변덕스럽다는 말을 들을 때가 많
았다.

□ 명확하게 경계를 정해 주지 못하고 경계선을 넘어섰을 때에
도 훈계가 없었다.

□ "오냐오냐!", "그래그래!" 등의 말을 많이 했다.

□ 자유분방하여 사람들을 쉽게 사귀며, 누구에게나 다 허용적
이었다.

□ 집안 살림에 구멍이 나도 한턱 내고 기분 내는 것을 좋아했다.

□ 어떤 일을 시작했다가 중도에 그만두는 경향이 있었다.

체크한 문항 (　　)

② 나에게 이런 성향이 있는가?

□ 나는 다른 사람이 나의 요구를 들어 주지 않으면 화를 낸다.

□ 나는 가끔 교양과 예절이 부족하다는 말을 들을 때가 있다.

□ 나는 스스로 자신을 통제하거나 경계 세우기 능력이 부족하고 충동적이다.

□ 나는 자신에게도 적절한 책임감이 필요함을 알지만 실천하지 못한다.

□ 나는 가끔 이기적이라는 말을 들을 때가 있다.

□ 나는 생각하지 않고 말을 막 하며 "나는 화를 내도 뒤끝이 없어!"라는 말을 자주 한다.

□ 나의 행동은 때때로 과도하며 탐닉적일 때가 많다(과식, 과음, 과속, 과소비, 과도한 계획 등 오버하는 경우).

□ 나는 무대 위에서 주목받는 것을 좋아하며 그런 곳에서 톡톡 튀는 말과 행동이 돋보인다.

□ 나는 세상의 즐거움과 쾌락을 쫓으며, 힘들고 어려운 일보다는 쉽고 재미있는 일부터 찾아 한다.

□ 나는 충동적이고 변덕스러운 성격 때문에 일을 일관성 있게 추진해 나가지 못하고 중도에 멈추게 되거나 곁길로 갈 때가 많다.

□ 나는 다른 사람의 감정을 헤아리거나 배려하는 능력이 부족하다.

□ 나는 주변 사람 모두가 나의 욕구를 충족시켜 주기를 원한다.

□ 나는 목표 의식이 약하고, 꾸준한 노력과 인내심이 부족하다.

□ 나는 일상적인 삶에 원망, 짜증, 불만, 불평, 분노가 많다.

□ 나는 자유분방하며 권위 있는 인물에게도 쉽게 다가간다.

□ 나는 신중하게 생각하는 것이 부족하고 감정의 기복이 심한 편이다.

□ 나는 집안 살림에 구멍이 나도 한턱내고 기분 내는 것을 좋아한다.

□ 나는 현실성이 없는 창의력을 발휘하며 부적절한 자신감과 당당함이 넘친다.

□ 나는 스스로 삶의 한계나 제약을 정해 주는 것에 약하다.

□ 나는 사람들을 쉽게 사귀고 쉽게 헤어지는 편이다.

□ 나는 사람으로부터 주목을 받으면 삶에 활기를 느끼지만 혼자 있으면 우울감이나 무력감을 느낀다.

□ 나는 자유분방한 것을 좋아하며, 어떤 통제나 제약이 있으면 못 견뎌 한다.

체크한 문항 (　　)

③ 아이에게 이런 성향이 있는가?

□ 다른 사람이 자신의 요구를 들어 주지 않으면 화를 낸다.

□ 자기중심적이며 교양과 예절이 부족하다는 말을 들을 때가 있다.

□ 자신을 스스로 통제하거나 경계 세우기를 하는 능력이 부족하다.

□ 어떤 일을 할 때 즉흥적이거나 충동적일 때가 있다.

□ 이기적이라는 말을 들을 때가 자주 있다.

□ 목표 의식이 약하고, 꾸준한 노력과 인내심이 부족하다.

□ 때때로 과도하며 탐닉적일 때가 많다(과식, 과소비, 과도한 계획 등).

□ 힘들고 어려운 일보다는 쉽고 재미있는 일부터 찾아 한다.

□ 변덕스러운 성격 때문에 일을 일관성 있게 추진하지 못한다.

□ 일상적인 삶에 원망, 짜증, 불만, 불평, 분노가 많다.

□ 신중하게 생각하는 것이 부족하고 감정의 기복이 심한 편이다.

□ 사람들을 쉽게 사귀고 쉽게 헤어지는 편이다.

□ 사람으로부터 주목을 받으면 삶에 활기를 느끼지만 혼자 있으면 우울감이나 무력감을 느낀다.

□ 자유분방한 것을 좋아하며, 어떤 통제나 제약이 있으면 못 견뎌 한다.

체크한 문항 (　　)

총 44개 문항 중 체크한 개수 (　　)개

44개 항목 중 '예'라고 체크한 것이 18개 이상이면 다음 분석표를 작성해 본다. 그 이하일 경우에는 생략하고 293쪽 과잉보호 받은 '내면 아이' 편으로 넘어가도 좋다. 자신의 내면에 자리한 정서에 대해 솔직하게 답을 했다면 질문지를 통해 '충동적인 내면 아이'의 성향을 알 수 있게 된다. 이처럼 '충동적인 내면 아이'의 성향을 알게 되면, 내면에 숨어 있는 '충동성의 주제'를 꺼내어 알 수 있고 그 문제에 집중하여 치유할 수 있다.

[표 14] 충동적인 '내면 아이'의 성향 분석

질문 내용	√ 개수	성향 예측	
① 나의 부모님에게 이런 성향이 있었나?	( )/8	0~1개	부모로부터 충동적인 '내면 아이'의 영향을 받지 않았다고 본다.
		2~4개	부모로부터 충동적인 '내면 아이'의 영향을 경험했고 그 영향을 조금 받았을 수 있다.
		5개 이상	어린 시절 부모로부터 충동적인 '내면 아이'의 성향을 많이 경험했고, 그 영향을 받아 나에게도 비슷하게 있을 수 있다.
② 나에게 이런 성향이 있는가?	( )/22	0~3개	충동적인 '내면 아이'의 성향이 없다고 본다.
		4~9개	충동적인 '내면 아이'의 성향이 조금 있다고 볼 수 있다.
		9~12개	나에게는 충동적인 '내면 아이'의 성향이 있다고 인정하고 치유를 위해 공부해야 한다.
		13개 이상	충동적인 '내면 아이'의 성향으로 인해 나와 주변 사람들을 힘들게 할 수 있다. 이 책을 끝까지 정독하며 스스로 치유를 위해 노력하기를 권한다.
③ 아이에게 이런 성향이 있는가?	( )/14	0~2개	충동적인 '내면 아이'의 성향이 없다고 본다.
		3~4개	충동적인 '내면 아이'의 성향이 조금 있다고 볼 수 있다.
		5~8개	전형적인 충동적인 '내면 아이'의 성향이 삶에서 나타날 수 있다.
		9개 이상	충동적인 '내면 아이'의 성향으로 인해 힘들어 할 수 있다. 부모가 이 책을 끝까지 정독하며 치유를 도와주기를 권한다.
총	( )/44	0~7개	'② 나에게 이런 성향이 있는가?'의 항목에서 체크한 문항이 9개 이상이고, 모두 합쳐 22개 이상이면 치유를 위한 적극적인 노력이 필요하다. 부모로부터 이어받고 자녀에게 흘러가고 있다고 보아야 하기 때문이다.
		8~21개	
		22개 이상	

[표 15] 아이 내면을 알기 위한 질문지(6): 충동적인 성향

	질문 내용	예	아니오
1	나는 가끔 교양과 예절이 부족하다는 말을 들을 때가 있다.		
2	나는 다른 사람의 감정을 상하게 하거나 그의 자아를 침범할 때가 있다.		
3	나는 어떤 일을 할 때 즉흥적이거나 충동적으로 할 때가 있다.		
4	나는 사변적(생각)이기보다 감정적이며 감정의 기복이 심한 편이다.		
5	나의 행동은 때때로 과도하며 탐닉적일 때가 있다(과식, 과음, 과속, 과소비, 과도한 계획 등 오버하는 경우가 있다).		
6	나는 매사에 일관성이 부족하며 변덕스럽다는 말을 들을 때가 있다.		
7	나는 항상 쉽고 재미있는 일을 추구하며 지금 이 순간의 만족감을 추구하는 경향이 있다(어려운 일보다는 즐거운 일을 먼저 하는 경향).		
8	나는 목표 의식이 약하고, 꾸준한 노력과 인내심이 부족하다.		
9	나는 어떤 일을 시작했다가 중도에 그만두는 경향이 있다.		
10	나는 다른 사람들이 내게 뭔가를 해 주기를 기대하고 있다.		
11	나는 생활이 불만스럽고 짜증이나 분노를 느낄 때가 많다.		
12	나는 다른 사람의 감정을 헤아리거나 배려하는 능력이 부족하다.		
13	나는 가끔 이기적이라는 말을 들을 때가 있다.		
14	나는 자유분방한 것을 좋아하며, 어떤 통제나 제약이 있으면 못 견뎌 한다.		
15	나는 사람들을 쉽게 사귀고 쉽게 헤어지는 편이다.		
16	나는 대인관계에 있어서 한턱내고 기분 내는 것을 좋아한다.		
17	나는 매사에 자신감이 넘치며 무가치한 창의적인 생각이 많이 난다.		
18	나는 다른 사람으로부터 주목받는 곳에 있으면 활기를 느끼지만 혼자 있으면 우울감이나 무력감을 느낀다.		

'예'란에 표시한 개수 (   )

체크한 개수	충동적인 성향(예측)
0~3개	충동적 성향이 없다고 본다.
4~6개	충동적 성향이 조금 있다고 볼 수 있다.
7~10개	자녀에게 충동적 성향이 있다고 인정하고 치유를 위해 공부하며 도와주기를 권한다.
11개 이상	충동적 성향으로 인해 나와 주변 사람들을 힘들게 할 수 있다. 이 책을 끝까지 정독하며 스스로 치유를 위해 노력하기를 권한다.

충동적인 '내면 아이'의 성향이 보인다면
(7개 이상 체크한 경우)

경계 세우기

충동적인 '내면 아이'에게는 경계 세우기를 통해 자신의 문제를 볼 수 있도록 도와주어야 한다. 경계 세우기는 자유(독립심)와 책임감의 균형을 잡아 주는 것이 핵심이다.

자유를 주고 그에 따른 책임을 지게 하는 것은 10대에 배우고 익혀야 하는 중요한 과제다. 언뜻 보기에 10대는 자유만 원하고 책임은 다하지 않는 것처럼 보이지만 그렇지 않다. 부모·교사가 10대 자녀인 자신에게 행동에 책임을 지도록 가르치지 않으면 불안해한다. 책임감 없이 자유만 주면 의미 없는 생활로 하루하루를 보내기 쉬우며 사춘기 자녀 자신이 스스로 그것을 알기에 불안감과 지루함을 느끼게 된다. 적절한 책임감을 부여해 주면 자신을 가치 있는 사람으로 여기고 자존감도 높아진다. 내가 근무하는 학교에서는 학생 자치활동을 강조한다. 학생회 활동, 체육대회, 1박2일 여행, 평화 봉사 활동, 덕양 아고라, 학급활동 등 거의 모든 일을 학생 스스로 하도록 자유를 주고 책임을 지게 한다. 학생회 회장이나 임원을 맡은 아이들이 엄청난 책임감에 힘들어 하는 것처럼 보이지만 학년말 이야기를 해 보면 그들의 존재감과 성취감은 하늘을 찌른다.

자유와 책임 사이에는 균형을 잡아주는 경계선이 필요하다. 고

속도로에 경계선(중앙선, 차선, 가드레일)이 없다면 어떻게 되겠는가? 건강한 사회가 유지되기 위해서도 법이라는 경계선이 있다. 모든 시민이 법을 지키지 않고 자신이 하고 싶은 대로, 마음대로 한다면 그 사회는 혼란과 무질서로 망하고 말 것이다. 마찬가지로 부모는 경계선(규칙)을 만드는 데 자녀를 참여시키고 그 경계선 안에서 10대 자녀가 자유롭게 책임감을 가지고 살아가는 법을 가르쳐야 한다.

경계(규칙, 협약)를 세울 때 자녀를 참여시켜야 하는 이유는 자녀들이 자신이 함께 만든 '합리적인 규칙'이라고 생각을 할 때 가장 잘 따르기 때문이다. '부모 마음대로 만든 독단적인 규칙'이라고 생각하면 반항심이 생기고 잘 지키지 않는다. 규칙을 정하는 과정에서 부모가 자녀와 함께 충분히 이야기하는 것만으로도 이미 교육적인 효과를 보게 된다. 규칙을 잘 만드는 것이 우리의 목표가 아니라 아이들이 독립적인 삶을 살면서도 동시에 책임감 있는 사람이 되도록 가르치는 것이 목적이기 때문에 규칙을 만들어 가는 과정이 매우 중요하다.

경계(규칙)는 간단하고 명확하게

규칙이 너무 많거나 애매하면 아이는 혼란스러워한다. 규칙은 간단하고 명확해야 혼란스럽지 않고, 잘 지킬 수 있게 된다. 예를 들면 '너무 늦지 않게 집에 들어온다'라고 정하면 부모나 자녀가 제각각 해석할 수 있다. 내용이 애매하고 분명하지 못하면 부모-

자녀 간에 갈등을 만들 수 있다. 그러나 '저녁 9시까지는 집에 들어온다'라고 하면 분명해진다. 자녀가 어렸을 경우 쉽게 알아차릴 수 있다. 따라서 친구들과 모여서 재미있는 놀이나 이야기를 하다가도 "나는 귀가 시간이 저녁 9시까지라서 이제 가야 한다."고 친구들에게 분명하게 말할 수 있는 것이다.

경계(규칙)를 넘었을 경우, 책임과 부모의 단호함

규칙을 위반했을 때는 부모의 단호한 태도가 필요하다. 자녀가 규칙을 어기면 반드시 그 결과에 대한 고통과 불편함을 감수해야 한다는 것을 알게 한다. 규칙 위반에 대한 책임을 지면서 겪는 고통은 자녀를 힘들게 하지만 자신의 행동에 대한 철저한 책임감을 길러 주는 데는 매우 중요하다. 그러나 부모의 감정이나 기분 상태에 따라 들쑥날쑥하면 안 된다. 부모의 기분이 좋은 날이라고 규칙 위반을 그냥 넘어가고 부모의 기분이 나쁘고 화가 많이 나 있는 날이라고 더 가혹한 처벌이 주어지면 자녀는 분노하고 규칙을 신뢰하지 않게 된다. 10대를 대할 때는 공평하고 일관성 있게 대하는 것이 중요하다.

자녀가 경계를 넘었을 경우 벌칙을 부여하는 과정에서 부모가 주의해야 할 것이 있다. 마치 기다렸다는 듯 "딱 걸렸지?"라는 태도로 즐거워하거나 조롱하는 듯한 말이나 표정을 지어서는 안 된다. 자녀의 잘못이 부모에게도 괴로운 일이라는 것과 고통스러운 일이라는 것을 말이나 표정으로 알게 해야 한다. 그와는 반대로 화를 낼 필요도 없다. 약속한 대로 규칙을 어긴 것에 대한 공정하고도 단호한 실천 의지를 보여 주면 된다.

또 하나 중요한 것은, 단호한 실천 뒤에 부모가 자녀를 사랑한다는 것을 느끼게 해 주어야 한다. 자녀가 규칙을 위반한 사항(행동)에 대한 제재이지 자녀를 미워하는 것이 아니라는 사실을 자녀가 이해할 수 있게 해야 한다.

"네가 일주일 동안 스마트폰을 쓸 수 없으니 얼마나 불편할지 알아. 엄마도 너에게 연락할 길이 없어서 힘들 거 같아. 나도 네 스마트폰을 빼앗지 않았으면 좋겠어. 하지만 이건 우리의 약속이고 엄마는 너를 사랑하기 때문에 규칙을 잘 지키는 책임감 있는 사람으로 너를 키우고 싶어."

이렇게 하고 나서 자녀가 칭찬받을 때나 기분 좋을 때 자주 사용하던 표현을 해 주면 된다. 예를 들면 '꼭 안아 주기', '맛있는 것 만들어 주기', '손 잡아 주기', '사랑해!'라고 말하기 등 자녀가 좋아하는 표현을 해 준다면 10대 자녀는 스마트폰을 빼앗긴 데 대해 짜증이 나거나 잠시 화가 치밀어 오를 수는 있지만 부모의 사랑과 공감을 확인했기 때문에 부모에게 오랫동안 적대감을 쌓아 두지는 않는다. 곧 마음을 진정하고 스마트폰 없이 생활한다는 것이 불편하지만, 일주일을 잘 버텨 낼 수 있게 된다.

대인관계가 좋고 건강하고 행복하게 학교생활을 잘하는 아이에게는 자녀를 교육하는 데 '사랑, 친절, 존중, 단호함, 공평, 일관성'의 균형을 잘 유지하는 부모가 있다.

적용하기

- 자녀에게 자유와 책임 사이의 균형과 분명한 경계선을 만들어 주었는가? 잘 안 되었다면 그 이유는 무엇인가?

- 자녀와 함께 분명하고 명확한 규칙을 만들어 보자.

11. 과잉보호받은 '내면 아이'

① 나의 부모님에게 이런 성향이 있었나?('예'라고 생각되면 □에 √로 체크하세요.)

□ 자녀가 요구하기도 전에 도와주려고 하거나 부모가 다 알아서 해 주었다.
□ 부모의 욕구대로 주도적으로 자녀를 이끌어 갔다.
□ 먹는 것, 입는 것, 숙제하는 것, 놀이터에서 노는 것까지 관

여했다.

□ 부모의 마음속에 자녀에 대한 걱정으로 가득했다.

□ 부부 사이가 안 좋아 아빠 대신 엄마가 또는 엄마 대신 아빠가 자녀에게 집중하며 과잉보호했다.

□ 자녀가 힘들어하고 고통스러워할 수 있는 상황은 어떻게든 막으려고 노력했다.

□ 부모가 자녀의 모든 일에 관여하고 과잉보호하는 것이 자녀를 사랑하는 것이고 양육을 잘하는 것이라고 생각했다.

□ 자녀에게 지나치게 헌신적이며, 주변에서 일어날 수 있는 위험에 대해 짜증날 정도로 말해 주며 과잉보호했다.

체크한 문항 (　　)

② 나에게 이런 성향이 있는가?

□ 나는 무엇이든 스스로 결정하는 데 어려움을 느낀다.

□ 나는 무슨 일이든 쉽게 싫증과 권태를 느끼는 편이다.

□ 나는 다른 사람들이 다 해 주기를 기다리며 매사에 의존적이다.

□ 나는 기분이 상했을 때 다른 사람들이 내 기분을 풀어 주기를 원한다.

□ 나는 인내심과 지구력이 부족하여 어떤 일을 하다 중도에 포기를 잘한다.

□ 나는 자녀가 요구하기도 전에 모든 것을 다 알아서 해 준다.

□ 나는 스스로 결정하고 추진하는 힘이 부족하다.

□ 나는 자녀가 먹는 것, 입는 것, 숙제하는 것, 놀이터에서 노는 것까지 관여한다.

□ 나는 책임이 주어지는 일이나 부담스러운 일이 주어지는 것을 아주 싫어한다.

□ 나는 자녀에 대한 걱정이 많으며 항상 관심을 가지고 살핀다.

□ 나는 작고 세세한 일까지 챙겨 주고 관여하는 것이 자녀를 사랑하는 것이고 양육을 잘하는 것이라고 생각한다.

□ 나는 모험심이 부족하고 새로운 일을 시도하거나 착수하지 못한다.

□ 나는 마음을 정하고 한곳에 정착하는 데 어려움을 느낀다.

□ 나는 열정이 없고 소극적이며 무기력함을 자주 느낀다.

□ 나는 가끔 남들이 나에게 관심을 기울이거나 동정심을 느끼도록 유도할 때가 있다.

□ 나는 음식을 먹거나 옷을 입는 데 까다로운 편이다.

□ 나는 나의 부모와 지나치게 밀착되어 있다고 느낀다.

□ 나는 다른 사람이 내게 주는 관심에 비해 내가 그들에게 주는 관심이 훨씬 적은 편이다.

□ 나는 때때로 이성에게 매력적으로 보인다는 것을 안다.

□ 나는 나에게 낭비나 사치하는 경향이 있다고 느낀다.

체크한 문항 (   )

③ 아이에게 이런 성향이 있는가?

□ 무엇이든 스스로 결정하는 데 어려움을 느낀다.

□ 무슨 일이든 쉽게 싫증과 권태를 느끼는 편이다.

□ 다른 사람들이 다 해주기를 기다리며 매사에 의존적이다.

□ 기분이 상했을 때 다른 사람들이 자신의 기분을 풀어 주기를 원한다.

□ 지구력이 부족하여 어떤 일을 하다 중도에 잘 포기한다.

□ 스스로 결정하고 추진하는 힘이 부족하다.

□ 책임을 져야 하는 일이나 부담스러운 일을 아주 싫어한다.

□ 모험심이 부족하고 새로운 일을 시도하거나 착수하지 못한다.

□ 마음을 정하고 한곳에 꾸준히 있지 못하고 떠돈다.

□ 열정이 없고 소극적이며 무기력함을 자주 느낀다.

□ 남들이 자신에게 동정심을 느끼도록 유도하는 것을 잘한다.

□ 음식을 먹거나 옷을 입는 데 까다로운 편이다.

체크한 문항 (　　)

총 40개 문항 중 체크한 개수 (　　)

40개 항목 중 '예'라고 표시한 것이 17개 이상이면 다음의 '과잉보호받은 '내면 아이'의 성향 분석'를 작성해 본다. 그 미만일 경우에는 생략해도 좋다. 자신의 내면에 자리한 정서에 대해 솔직하고 정확하게 답을 했다면 질문지를 통해 과잉보호받은 '내면 아이'의 성향을 알 수 있다. 이렇게 과잉보호받은 '내면 아이'의 성향을 알면, 내면에 숨어 있는 '과잉보호받은 주제'를 꺼내어 알 수 있고 그 문제에 집중하여 치유할 수 있다.

[표 16] 과잉보호받은 '내면 아이'의 성향 분석

질문 내용	√한 개수		성향 예측
① 나의 부모님에게 이런 성향이 있었나?	( )/8	0~1개	부모로부터 과잉보호의 영향을 받지 않았다고 본다.
		2~3개	부모로부터 과잉보호를 받은 경험이 있고 그 영향을 조금 받았을 수 있다.
		4개 이상	어린 시절 부모로부터 과잉보호를 많이 받았고, 그 영향을 받아 나에게도 과잉보호 받은 '내면 아이'가 비슷하게 있을 수 있다.
② 나에게 이런 성향이 있는가?	( )/20	0~2개	과잉보호받은 '내면 아이'가 없다고 본다.
		3~6개	과잉보호받은 '내면 아이'가 조금 있다고 볼 수 있다.
		7~10개	나에게는 과잉보호받은 '내면 아이'의 성향이 있다고 인정하고 치유를 위해 공부해야 한다.
		11개 이상	과잉보호받은 '내면 아이'의 성향으로 인해 나와 주변 사람들을 힘들게 할 수 있다. 이 책을 끝까지 정독하며 스스로 치유를 위해 노력하기를 권한다.
③ 아이에게 이런 성향이 있는가?	( ) /12	0~1개	과잉보호받은 '내면 아이'의 성향이 없다고 본다.
		2~3개	과잉보호받은 '내면 아이'의 성향이 조금 있다고 볼 수 있다.
		4~7개	과잉보호받은 '내면 아이'의 성향이 삶에서 나타날 수 있다.
		8개 이상	과잉보호받은 '내면 아이'의 성향으로 인해 힘들어 할 수 있다. 부모가 이 책을 끝까지 정독하며 치유를 도와주기를 권한다.
총	( )/40	0~7개	'② 나에게 이런 성향이 있는가?'의 항목에서 체크한 문항이 8개 이상이고, 모두 합쳐 17개 이상이면 치유를 위한 적극적인 노력이 필요하다. 부모로부터 이어받고 자녀에게 흘러가고 있다고 봐야 하기 때문이다.
		8~21개	
		22개 이상	

[표 17] 아이 내면을 알기 위한 질문지(7): 과잉보호

질문 내용	예	아니오
1 나는 무엇이든 스스로 결정하는 데 어려움을 느낀다.		
2 나는 책임이 주어지는 일이나 부담스러운 일이 주어지는 것을 아주 싫어한다.		
3 나는 부모와 지나치게 밀착되어 있다고 느낀다.		
4 나는 기분이 상했을 때 다른 사람이 풀어 주기를 기대한다.		
5 나는 무슨 일을 할 때 꾸준하지 못하며 인내심이 부족하다.		
6 나는 모험심이 부족하고 새로운 일을 시도하거나 착수하지 못한다.		
7 나는 무슨 일이든 쉽게 싫증과 권태를 느끼는 편이다.		
8 나는 마음을 정하고 한곳에 정착하는 데 어려움을 느낀다.		
9 나는 열정이 부족하며 매사에 소극적이다.		
10 나는 가끔 남들이 자신에게 관심을 기울이거나 동정심을 느끼도록 유도할 때가 있다.		
11 나는 다른 사람이 자신에게 주는 관심에 비해서 자신이 다른 사람들에게 주는 관심이 훨씬 적은 편이다 .		
12 나는 때때로 이성에게 매력적으로 보이는 편이다.		
13 나는 음식을 먹거나 옷을 입는 데 까다로운 편이다.		
14 나는 낭비나 사치하는 경향이 있다.		
'예' 표시한 개수　　　　　　　(　)		

체크한 개수	과잉보호받은 '내면 아이'의 성향(예측)
0~2개	과잉보호받은 '내면 아이'의 성향이 없다고 본다.
3~4개	과잉보호받은 '내면 아이'의 성향이 조금 있다고 볼 수 있다.
5~7개	과잉보호받은 '내면 아이'의 성향이 삶에서 나타날 수 있다.
8개 이상	과잉보호받은 '내면 아이'의 성향으로 인해 힘들어 할 수 있다. 부모가 이 책을 끝까지 정독하며 치유할 수 있도록 도와주기를 권한다.

과잉보호받은 '내면 아이'의 성향이 보인다면
(5개 이상 체크한 경우)

놓아 주기

엄마의 지나친 관여와 과잉보호 때문에 힘들어하는 학생이 생각보다 많다. 자녀가 성장하여 중학생쯤 되면 책임과 함께 자유롭게 스스로 할 수 있는 일을 좀 더 넓혀 주어야 한다. 엄마의 품에 품고 둥지 안에서만 기를 수 없다. 그것은 자녀의 성장을 방해한다. 마음껏 세상으로 나아가 하늘을 나는 연습을 하도록 놓아 주어야 한다. 아이가 사춘기가 되면 부모로부터 독립하고 싶어하는 마음이 강하게 생긴다. 그런데 부모들은 자녀의 몸이 자라고 스스로 결정할 수 있는 나이가 되었음에도 세상 속에 있는 위험스런 요소와 유혹에 대한 걱정과 두려움 때문에 자녀의 손을 놓지 못하고 더 보호해 주려고 통제하고 사사건건 관여한다. 신체 발달에 어울리지 않는 부모의 과잉보호 때문에 아이들은 불편해한다.

"엄마는 나를 못 믿어요!"
"아기 취급하고, 간섭이 심해요."
"숙제하는 것부터 옷 고르는 것까지 엄마가 다 해주려고 해요."

부모가 지나치게 자녀 일에 관여하고 보호하다 보면 오히려 자녀의 자발성을 키우는 데 방해가 된다. 자녀가 자유롭게 자신의 일을 계획하고, 어려움을 극복하고, 스스로 헤쳐 나가는 방법을 익히지 못하게 한다. 자녀가 자유롭게 선택하고 책임질 수 있도록 부모가 관여하는 것을 줄여 가야 한다. 용돈, 시간 관리, 공부, 식사, 친구, 진로 등 자신의 문제를 스스로 해결하고 고민도 하며 성취감도 맛보게 해 주어야 성장한다. 아이들이 크면서 나만의 공간, 나만의 방을 갖고 싶어 하는 것과 마찬가지다. 자녀들은 심리적으로도 나만의 공간을 원한다. 나이가 들수록 점점 더 넓은 자녀만의 심리적 방을 만들어 주어야 한다. 아기가 10개월 동안 엄마의 자궁 속에서 충분히 자란 후 태어나는 순간 탯줄을 끊어 주는 것과 마찬가지로 정서적인 탯줄도 시기에 맞춰 끊어 줘야 자녀가 건강하게 성장한다.

#사례: 경수 이야기

경수는 비교적 경제적으로 여유 있는 가정에서 착실하게 공부만 하던 학생이었다. 부모님이 시키는 대로 학교와 학원에서만 지냈다. 그러다 보니 친구도 몇 명 없었다. 쉬는 날 밖에 나가 돌아다니는 일도 거의 없었다. 부모님의 권유대로 도서관이나 집에서 공부만 하고 지냈다. 중·고등학교 다닐 때 등하굣길에 자전거를 타고 싶었으나 부모님이 위험하다고 허락하지 않아서 그만두었다. 고3 때까지 여자 친구도 사귀지 않았다. 경수는 부모님이 원하는 대로 잘 따라 주었고 다행스럽게 많은 통제와 요구 사항에도 반항하지 않고 공부만 열심히 하고 지냈다. 그 덕분에 부모님의 기대대로 서울의 명문 대학에 진학했다. 그런데 기숙사 생활에서 룸메이트와 갈등이 생겼고, 입학 후 얼마 되지 않은 신입생 환영회가 끝나고 술에 취해 길에서 쓰러지는 일이 벌어졌다. 처음 한 달 동안 경수는 무슨 일이든 부모님께 전화해서 물어 가며 결정했다. 기숙사에 필요한 물건 구매부터 옷을 사 입는 일까지 아주 사소한 것도 부모님에게 허락을 받았다. 그러나 언제까지 그럴 수 없었다. 갑자기 주어진 자유가 불안하고 어설프기만 했다. 지금까지는 부모님이 거의 모든 결정을 내려 주고 규칙을 정해서 통제해 주었는데 그것이 갑자기 없어지니 무언가 낯설고 불안하기도 했다.

점차 그의 생활은 흔들리기 시작했다. 어느 날부터 밤늦도록 흥청대며 놀고 다음 날 강의도 빼먹기 시작했다. 학점 관리가 잘되지 않아 학사 경고를 받는 지경에 이르게 되었다. 스스로 결정을 내려 본 경험이 없는 경수는 갑자기 찾아온 자유로운 많은 시간을 어떻게 보내야 할지 몰랐다. 그저 주변 친구들이 이끄는 대로 따라다니게 된 것이다.

적용하기

- 지나치게 간섭하고 과잉보호하는 것은 아닌지 자녀의 생각을 들어 보고 적어 보자.
- 나는 왜 자녀를 놓아 주지 못하는가? 특히 불안해하는 문제는 무엇이며 그 이유를 적어 보자.

- 다음 시 〈새의 사랑〉을 읽고 자식을 떠나 보낸다는 의미를 생각해 보자.

나뭇가지 위에 지은 제 둥지에 앉아
처연히 비를 맞고 있는 새를 본 적이 있습니다
새끼들이 비에 젖을세라 두 날개로 꼭 품어 안고
저는 쏟아지는 비를 다 맞고 있었습니다
새들도 저렇게 새끼를 키우는구나 생각하니
숙연해졌습니다 그러나 그걸로 어미새의 사랑을
다 안다고 생각한 건 잘못이었습니다

나는 법을 가르쳐야 할 때가 오자
한 발 이상 떨어진 옆 나무에 벌레를 물고 앉아
새끼들이 제 힘으로 날아올 때까지 기다리고 있었습니다
노란빛 다 가시지 않은 부리를 있는 대로 벌리며

울어 대도 스스로 날아올 때까지

어미는 숲 어딘가를 바라보며 앉아 있었습니다

아직 덜 자란 날개를 파닥이다

파닥이며 떨어지다 한 마리가 날아 올라오자

한없이 기쁜 표정으로 먹이를 얼른

새끼 입에 넣어 주는 거였습니다

그러나 그걸로 새끼를 기르는 어미새의 사랑을

다 안다고 생각한 건 잘못이었습니다

새끼들이 스스로 먹이를 구할 만큼 자라고

숲 그늘도 깊어 가자 어미새는 지금까지 보여 준

숲과 하늘보다 더 먼 곳으로 새끼들을

멀리멀리 떠나 보내는 거였습니다

어미 주위를 맴돌며 머뭇거리는 새들에게

냉정하다 싶을 정도로

정을 접는 표정을 보이는 거였습니다

사람이나 새나 새끼들을 곁에 두고 사랑하고픈 건

본능일 텐데 등을 밀어 보내고

돌아서는 거였습니다 눈물도 보이지 않고

아프다는 말 한마디 하지 않고

— 도종환 시집 ≪슬픔의 뿌리≫ —

[표 18] '내면 아이' 종합 정리

구분	부모님의 양육 태도	내면 부모	나에게 있는 특징	결혼생활	치유
완벽주의 (8)	칭찬에 인색, 실수에 대한 비판		삶에 휴식이 없음		
억압 (5)	지나친 통제		반항형		
방치 ( )					
거절 ( )					
징벌 ( )					
충동 ( )					
과잉보호 ( )					

5장

내면 치유 프로그램

1. '내면 아이'의 괴롭힘에서 벗어나기

당신의 '내면 아이'를 만나기 위해

부모/교사들은 하루의 대부분을 가정/학교에서 자녀/학생들과 함께 생활한다. 하루 일과 중 자녀/학생들로부터 큰 정서적 지지와 긍정적인 에너지를 받아 부모/교사로서의 보람을 느끼기도 하지만, 자녀/학생들과 크고 작은 충돌과 갈등 역시 피할 수 없다. 때론 심한 분노를 폭발하고 후회하기도 하고 죄책감에 시달릴 때도 있다.

"내가 왜 이렇게 화를 낼까?"
"그 일이 그렇게까지 야단을 쳤어야만 하는 일이었나?"
"왜 그 학급에만 들어가면 짜증이 날까?"
"나는 왜 짧은 치마를 입은 학생만 보면 그렇게 화가 날까?"
"나는 왜 지각하는 아이에게는 그렇게 크게 분노할까?"

부모/교사 내면 진단 프로그램 워크숍에 참석한 부모/교사들의 대부분이 이러한 형태의 질문을 던진다. 그러나 집단상담 형태의 워크숍을 통해 '내면 아이'를 진단하고 분석해 자신의 내면을 통찰하는 과정에서 치유가 일어나면 '아하, 그것이 문제였구나!'라고 원인을 찾아내고 편안하고 가벼운 마음으로 자녀/학생들을 만나게 된다. 이러한 기쁨은 학교를 그만둘 것을 고려할 만큼 괴로웠던 교사들에게는 엄청난 내면의 변화이며 성장이다. 더 나아가 이러한 변화는 학교뿐 아니라 가정에서도 자녀와 남편/아내와의 관계가 좋아지는 결과를 가져오게 한다. 이 과정을 통해 자신을 성장시키고 평안과 기쁨을 동반한 자유로움을 만끽하며 인간관계를 형성해 나아가게 된 사례를 셀 수 없이 많이 보아 왔다.

우리 모두는 어린 시절부터 들어온 말 또는 어떤 사건이나 경험이 만들어 놓은 비합리적인 신념과 모순된 감정들을 그대로 마음속에 쌓아 놓고 있다. 이것을 이미 성인이 된 지금의 내 안에 아직까지도 살며 영향력을 행사하고 있는 심리적 어린아이인 '내면 아이'라고 부른다.[1] 그동안 상담한 많은 사례에서 볼 수 있었는데, 객관적으로 주변에서 보기에는 학벌, 인물, 가정 형편 등 모든 조건에서 부족할 것 없어 보이는 선생님의 이해할 수 없는 열등감이나 분노감, 질투심 등 어린아이 같은 유치한 감정이 올라오는 것을 호소하는 경우가 그것이다. 이러한 '내면 아이'의 감정은 무의식 속에서 자신도 모르게 진행되기 때문에 이해하기도 어렵고 스스로 통제하기도 어렵다. 실제 현실이 아니고 다른 사람들의 눈에는 보이지 않는 내 마음의 문제일 뿐이지만 대인관계에서 막강한 영향력을 행사하기 때문에 동료 교사나 학생들과의 관계 속에서 나와 타인을 괴롭히는 엄연한 현실로 드러난다. 인정받지 못

---

1. 치유상담대학원대학교 김중호 교수의 〈내면 치유의 이론과 실제〉 강의 내용을 수정 보완했다.

한 '내면 아이'가 인정받고 싶어서 몸부림을 치기도 하고, 억압된 '내면 아이'가 기죽어 있고, 훈련받지 못한 '내면 아이'가 자신을 통제하지 못해 괴로워하며, 과보호받은 '내면 아이', 방치나 거절, 징벌이나 학대받은 '내면 아이'가 분노하고 서럽게 울고, 때로는 무서운 아빠의 눈치를 살피듯 다른 사람의 시선을 의식하며 초조해하기도 한다. 우리 모두에게 있을 수 있는 이러한 마음속에 숨어 있는 '내면 아이' 만나기를 두려워하거나 무시하고 외면했었다면 용기를 내어 찾아서 만나보자. 혼자 조용히 이 책을 읽으며 자신의 내면을 진단하고 분석하고 이해할 수도 있지만 그룹으로 공부하면 더 효과적일 수 있다. 그동안 '부모/교사 내면 돌보기 프로그램 워크숍'의 경험을 바탕으로 자신의 내면 아이를 이해하고 자기를 분석하는 것을 도와줄 것이다.

여기서 다루고 있는 '내면 아이' 진단하기, '내면 아이'의 특징이나 이론적인 내용들을 읽다가 문득, 지금까지 잊고 지내던 나의 과거 기억을 자극하여 떠오른 장면이 있다면 그것은 아주 소중한 것이다. 자신의 무의식 속에 꼭꼭 숨겨져 있던 사건에 접근한 것이고 내면을 분석하고 통찰하는 데 중요한 이야기가 되는 것이다. 5장을 읽고 공부해 가는 중에 나의 '내면 아이'를 만나서 이해하고 통찰하여 그 '내면 아이'가 더 이상 나를 괴롭히지 않아 마음의 자유와 기쁨을 누릴 수 있기를 기대해 본다.

2. 치유를 위하여

혼자 또는 그룹으로 하기

다음의 글을 읽다 자신의 이야기, '내면의 상태' 같은 내용이 나오면 붉은색으로 밑줄을 긋는다. 밑줄을 긋는 중에 그 내용과 관련된 어린 시절의 어떤 사건이나 기억이 떠오르면 오른쪽 여백에 기록한다. 감추고 싶거나 부끄러운 이야기라고 숨겨서는 안 된다. 자신과 상담자만 알 수 있도록 별도의 메모지를 사용해도 된다.

※ 그룹 구성원들이 꼭 지켜야 할 주의 사항

첫째, 적극적으로 경청해야 한다. 그룹의 모든 구성원은 다른 사람을 도와주고 그들이 '내면 아이'를 만날 수 있도록 잘 들어 주고 지지해 주기 위해 여기에 함께 있다는 것을 명심해야 한다.

둘째, 그룹의 구성원은 서로에게 공감해 주고 거울이 되어 주어야 한다.

셋째, 다른 사람을 치료하려고 하거나, 울음을 멈추도록 달래려고 하지 말아야 한다. 또한 충고를 하려고 해서도 안 된다. 분석, 토론, 충고 등은 다른 사람의 마음을 머리와 이성에 가두어 버리기 때문에 감정을 쏟아 내는 것을 방해한다.

예를 들면 "그 시절에는 다 그랬어요. 좋았던 점을 찾아봅시다." "○○님은 어떤 대안이 있나요?" 등의 말을 해서는 안 된다.

넷째, 그룹 구성원 모두 사회의 관습이나 전통에 의해 또는 스스로 쓰게 된 '부모/교사'라는 이름의 무거운 가면을 벗어 버려야 하며, 자신을 보호하기 위해 지금까지 숨어 있던 자신만의 내면 세계에서 나오도록 노력해야 한다.

다섯째, 우리 그룹에서 나누었던 내용들은 끝까지 비밀로 한다. "참 좋았다!"는 긍정적인 말 이외에 개인적인 프라이버시에 손상이 가는 말은 절대로 하지 않기로 약속한다.

3. 완벽주의: 칭찬받지 못한 '내면 아이'

당신이 어렸을 때 부모님의 양육 태도는?

1. 다음 표에서 왼쪽 '부모님의 양육 태도'를 읽는 중에 당신의 기억을 자극하여 떠오르게 된 장면을 오른쪽 빈칸 '기억나는 사건'란에 기록한다.

[표 1] 부모님의 양육 태도

부모님의 양육 태도	기억나는 사건
어려운 것을 하도록 요구함(기준이 높음)	
칭찬과 인정이 인색함	
다른 아이와 비교하기를 잘함	
실수를 허용하지 않으며, 실수를 할 경우 비판과 비난을 함	
'더'(많이, 잘하면, 깨끗하면, 노력하면)라는 언어를 많이 사용함	

2. 기억나는 사건을 회상하는 도중 떠오르는 장면을 생각하며 다음 질문에 대한 답을 자신의 말로 기록해 보자.

● 당신에게 있는 아픈 기억은 무엇인가?

● 언제, 어떻게 해서 생겼는가?

● 당신은 그때 어떻게 대응(반응)했는가?

● 그때의 마음을 표현하고 감정을 기록해 보자.

3. 다음 표의 글을 읽는 중에 당신의 성향이라고 생각하는 내용을 오른쪽 '메모'난 빈칸에 기록해 보자.

[표 2] 자신의 특징과 상기되는 기억

나에게 있는 특징	떠오르는 생각 메모
• 지나치게 꼼꼼하고 철저한 행동(정리 정돈, 시간 지키기 등) • 자기 자신 또는 타인에 대한 기대 기준이 높음 • 실수를 허용하지 않음(실수할 경우 좌절) • 작은 것에 집착하다 큰 것을 놓침(융통성이 없음) • 강박적 행동이 나타남 • 칭찬과 인정에 대한 욕구가 강함 • 인정받기 위해 애쓰고 노력함 • 의존적이며 남의 눈치를 보는 경향이 있음 • 자기의 의사를 잘 표현하지 못함 • 상대방으로부터 인정받지 못할까 봐 '아니요'를 못함 • 성공과 성취에 집착함(승진, 출세, 사업 확장) • 가정보다 일이 더 중요함 • 삶에 휴식이 없음 • 일을 하고 있지 않으면 불안해하고 비생산적이라고 생각함 • 실수에 대한 두려움이 있음 • 자신이 성취한 것을 과소평가하는 경향이 있음 • '더' 콤플렉스를 가짐(강박증) • 삶에 대한 만족과 기쁨이 없으며 내적으로 텅 빈 느낌과 공허함	

- 고치고 싶은 내 특징은 무엇인가?

- 나는 그러한 성향이 나타날 때마다 어떻게 대응(반응)했는가?

- 그때의 마음을 표현하고 감정을 기록해 보자.

왜곡된 정보 끊어 버리기

조금 전 앞에서 '부모의 양육 태도'와 '자신의 특징'을 찾아보고 빈칸에 당신의 생각을 메모하면서 부모님의 양육 태도가 아직도 당신의 삶에 영향력을 행사하고 있다는 사실을 알았을 것이다. '아! 부모가 나에게 대했던 대로 내가 내 자신을 평가하는구나!'라고 알게 되었다. 그러나 지금까지 꾸준히 받아 온 그 영향력을 지금 당장 완전히 없애 버리지는 못한다 하더라도 왜곡된 가치관이나 잘못된 목소리가 더 이상 당신을 괴롭히지 못하게는 할 수 있다. 완벽주의적인 성향이 당신을 조종하지 못하도록 고리를 끊을 수 있다는 것이다. 왜냐하면 당신을 괴롭히던 근원을 찾아냈기 때문이다. 이제는 실체를 알아냈기 때문에 '나는 잘못할 거야!', '실수하면 어떡하지?' 등의 내면의 소리가 들릴 때마다 마음속으로 'STOP!'을 외치고 나서 '아, 이것은 완벽주의가 주는 생각이구나! 속지 말자!'라고 스스로에게 말하며 그 생각을 떨쳐 낼 수 있다.

다음 빈칸 왼쪽 '왜곡된 평가'란에 그동안 당신에게 있었던 실수에 대한 두려움이나 자신의 의사를 잘 표현하지 못했던 것, 칭찬이나 인정받고 싶은 욕구가 지나친 것, 다른 사람의 눈치를 보는 것 등을 검은색 펜으로 기록해 보자. 그리고 나서 기록한 내용들 위에 붉은색 굵은 매직펜으로 'STOP! 거짓된 정보다'라고 크게 적는다. 그다음 오른쪽 '칭찬받을 내용'란에 스스로 칭찬할 만한 내용을 적는다. 그리고 붉은색 굵은 매직펜으로 '이것이 진실이다'라고 크게 적는다.

[표 3] 왜곡된 평가와 칭찬

나에 대한 왜곡된 평가	칭찬받을 내용

※ **과제: 3주간(21일) 실천할 미션 :**

위의 내용을 적어서 주머니에 넣고 다니며 하루에 세 번 이상 소리 내어 크게 읽고, "사람들은 지금의 나의 모습을 좋아한다."라고 외친다. 자동차를 운전한다면 출발 전에 외치고 도착하여 또 외친다. 좋은 장소를 찾아가 크게 외치는 것을 권하지만 주변 여건이 어렵다면 마음속으로 외쳐도 된다.

실수해 보기(미션)

1. 직장 동료나 친구 등 주변의 가까운 사람들에게 자신이 실수를 해도 웃으며 넘어갈 수 있는 목록을 받아서 다음 목록표에 기록해 보자.
2. 하루 일과 중 실수 목록에서 실천할 것을 골라 실행에 옮겨 보자(예: 신발이나 양말을 다른 짝으로 신고 출근하기. 회의 중 틀린 말 해 보기. 책상 위 정리하지 않기 등)

[표 4] 추천받은 실수 목록

다른 사람들이 추천해 준 내용	실천 여부(날짜)

3. 위의 내용을 실천하여 의도적으로 실수를 했을 때 어떠한 일이 일어났는가? 심각한 일이 발생했는가?

4. 하루 한 번 이상 거울을 보며 자신에게 "실수해도 괜찮아!", "틀려도 돼!"라고 말해 주자.

4. 억압받은 '내면 아이'

억압과 통제는 어떻게 만들어지는가?

힘 있는 사람이 힘없는 사람을 누르는 것을 '억압'이라고 한다. 억압은 보통 부모나 교사가 자녀나 학생에게 행사한다. 어린 자녀에게 소리를 지르거나 명령·지시하며 복종을 요구한다. 억압당하는 아이는 자유를 잃게 되고 속박당하게 되며, 스스로 자신의 욕구를 부인하게 되어 욕구를 표현하지 못하므로 억압당한 '내면 아이' 상태로 마음에 쌓이게 된다. 지나치게 강한 물리적인 힘이 가해지면 도자기 그릇이 깨지듯이, 너무 많은 억압과 통제는 자녀의 정서적인 면에서 문제를 일으키고 정신을 깨트려 고통스럽게 할 수 있다.

당신이 어렸을 때 부모님의 양육 태도는?

1. 다음 표에서 왼쪽 '부모님의 양육 태도'를 읽는 중에 당신의 기억을 자극하여 떠오르게 한 장면을 오른쪽 빈칸 '기억나는 사건'란에 기록한다.

[표 5] 부모님의 양육 태도

부모님의 양육 태도	기억나는 사건
감정/욕구를 무시하고 존중해 주지 않음	
"이렇게 해!", "저렇게 해!", "해", "하지 마", "돼!", "안 돼!" 의 용어를 많이 사용함	
융통성 있는 대화를 하지 못하고 단절됨	
자녀의 행동을 통제하고 감시함	
반복적인 잔소리를 많이 함	

2. 기억나는 사건을 회상하는 중에 떠오르게 된 장면을 생각하
며 다음 질문에 대한 답을 자신의 말로 기록해 보자.

● 당신에게 있는 아픈 기억은 무엇인가?

● 언제, 어떻게 해서 생겼는가?

● 당신은 그때 어떻게 대응(반응)했는가?

● 그때의 마음을 표현하고 감정을 느껴 보자.

3.다음 표의 글을 읽는 중에 당신의 성향이라고 생각하는 내용
을 오른쪽 '메모'난 빈칸에 기록해 보자.

[표 6] 자신의 성향과 상기되는 기억

나에게 있는 특징	떠오르는 생각
• 스스로 결정하는 것이 어려워 지시를 기다리고 망설임 • 자율적 역량을 발휘하거나 리더십을 발휘하는 데 어려움을 느낌 • 자기의 생각과 감정을 표현하는 능력이 부족함 • 대중 앞에서는 떨려서 말을 잘 못함 • 윗사람이나 상관을 나의 부모와 동일시해 위축됨 • 계획은 철저히 세우나 실천하지 못함 • 만성적인 피로나 무기력감에 시달림 • 추진력이 부족하고 열정이 떨어짐 • 비현실적인 공상이 많음 • 무엇인가를 잘 잊어버림 • 작은 거짓말을 자주함 • 인터넷 중독, 술·오락 등에 중독된 경험이 있음. 나 자신에게 스스로 지시하고 명령함 • 자녀에게 지속적으로 억압적인 태도를 가짐	

• 내 성향 중에서 고치고 싶은 것은 무엇인가?

• 나는 그러한 성향이 나타날 때마다 어떻게 대응(반응)했는가?

• 그때의 마음을 표현하고 감정을 기록해 보자.

치유를 위한 훈련

거절하는 연습:

당신에게 도움이 되지 않는 제안이나 요청을 받았을 때 친절하면서도 단호하게 거절해야 한다. 다음과 같은 말이 자연스럽게 나올 때까지 연습할 것을 권한다.

"죄송합니다. 안 될 것 같습니다."
"제안해 주셔서 감사합니다만, 못하겠습니다."

상대방에게 불쾌감을 주지 않을 정도의 예의를 갖추면서도 단호하게 말해야 한다.

연극 연습처럼:

억압받은 '내면 아이'에게는 위축, 망설임, 분노, 기쁨을 억누르는 감정 등이 숨어 있다. 이러한 정서를 드러내 밖으로 표출해 내는 것이 중요하다. 상담자나 자신을 지지해 주는 모임이 있다면 좋지만, 그렇지 못할 경우에는 혼자서 연기하는 것처럼 해도 된다. 먼저 아무에게도 방해받지 않는 자동차 안이나 노래방, 빈 체육관 등 안전한 장소가 필요하다. 그곳에서 당신을 괴롭힌 사건이나 사람을 떠올리며 크게 소리 지르기, 몽둥이로 타이어 때리기, 베개 던지기, 샌드백 치기, 바람이 적은 배구공 차기, 목이 터져라 노래 부르기, 마음껏 울기 등을 실천해 본다. 연극을 한다는 기분으로 해도 된다. 내면 깊이 눌려 쌓여 있던 억압받은 감정이 훨씬 가벼워질 것이다.

편지 쓰기:

당신을 억압했던 아버지나 어머니에게 편지를 쓴다. 아버지 또는 어머니가 당신의 어린 시절에 화내며 소리 지르고 명령하고 무섭게 억압했던 일들이 당신을 얼마나 고통스럽게 했는지 쓰면 된다. 부모에게 사과를 받아 낼 필요는 없다. 그저 당신의 아픔만을 이야기하면 된다.

아버지나 어머니의 반응이 두려워서 용기가 나지 않는다면 먼저 가까운 친구나 지지 그룹 사람들에게 읽어 주고 도움을 청하라. 그들은 그저 응원만 해 주면 된다. 부모님도 당신이 그동안 겪어 온 고통을 알아야 한다. 물론 자녀의 편지 내용에 공감하고 미안하다는 답장을 보내 주면 더없이 좋겠지만 일부 부모님은 "어떻게 감히 부모에게 이런 편지를 보낼 수 있느냐?"라고 불쾌해할 수도 있다. 그러나 중요한 것은 부모님의 태도가 아니라 당신이 과거 부모님에게 부당하게 받았던 상처에 대하여 잘못되었다고 표현할 수 있는 힘이 생긴 것이며, 방어를 했다는 것이다. 그러면 이 시점부터 당신의 억압받은 '내면 아이'는 훨씬 힘을 얻게 되고 과거를 인정하고 존중하게 되며 보다 자유롭게 될 것이다.

5. 방치된 '내면 아이'

당신이 어렸을 때 부모님의 양육 태도는?

1. 다음 표에서 왼쪽 '부모님의 양육 태도'를 읽는 중에 당신의 기억을 자극하여 떠오르게 한 장면을 오른쪽 빈칸 '기억나는 사건'란에 기록한다.

[표 7] 부모님의 양육 태도

부모님의 양육 태도	기억나는 사건
무관심, 돌보지 않고 그냥 내버려 둠	
오랫동안 다른 집에 떼어 놓아 혼자 있게 함	
자녀와 대화가 없었음	
쓰다듬거나 안아 주는 접촉이 없었음	
달래 주거나 위로해 주지 않음	
부모의 이혼으로 인해 돌봄이 없었음	
어린 시절 부모와 사별하며 돌봄이 없었음	

2. 기억나는 사건을 회상하는 중에 떠오르는 장면을 생각하며 다음 질문에 대한 답을 자신의 말로 기록해 보자.

● 언제, 어떻게 해서 생겼으며, 당신은 그때 어떻게 대응(반응) 했는가?

● 그때의 마음을 표현하고 감정을 기록해 보자.

3. 다음 표의 글을 읽는 중에 당신의 성향이라고 생각하는 내용을 오른쪽 '메모'란 빈칸에 기록해 보자.

[표 8] 나에게 있는 성향과 상기되는 기억

나에게 있는 성향	떠오르는 생각 메모
• 자신에게 소홀하며 정상적인 욕구나 필요를 방치하고 무시함 • 부모가 자신을 방치하듯이 자식을 방치함 • 타인으로부터 관심을 받고 싶어 하나 그 욕구를 억압함 • 마음이 항상 허전하고 외로우며 부족함을 느낌 • 외로움을 벗어나고자 어떤 일에 지나치게 몰두함 • 사람들로부터 소외감을 잘 느끼고 소속감이 느껴지지 않음 • 다른 사람들과 친밀감을 형성하고 싶으나 그 방법을 알지 못함 • 자신의 삶을 살고는 있지만 생생하게 느껴지지 않음 • 사람들을 만나는 것이 부담스럽고 마음이 불편함	

- 혼자 있는 것이 더 좋고 익숙함
- 자신의 감정이나 욕구를 파악하는 데 어려움을 느낌
- 타인의 감정을 파악하는 데 어려움을 느낌
- 차갑거나 냉정하게 보임
- 배우자와 함께 있으면서도 허전함과 외로움이 느껴짐
- 배우자와 친밀감을 느낄 수 있는 행동을 잘 못함

4. 기억나는 사건을 회상하는 중에 떠오르게 된 장면을 생각하며 다음 질문에 대한 답을 자신의 말로 기록해 보자.

- 당신에게 있는 아픈 기억은 무엇인가?

- 내 성향 가운데 고치고 싶은 것은 무엇인가?

- 나는 그러한 성향이 나타날 때마다 어떻게 대응(반응)했는가?

- 그때의 마음을 표현하고 감정을 기록해 보자.

감정을 느끼며 치유하는 방법

바흐(Bach)의 〈라르고〉 또는 스티븐 할펀(Steven Halpen)의 〈자장가 모음곡(Lullaby Suite)〉처럼 조용히 묵상할 수 있는 음악을 들으면서 내안에 있는 '내면 아이'를 만나 위로하고 지지하고

격려한다. 이것은 내 자신을 인정하는 자기 치유의 중요한 과정
이다.

편지 쓰기

첫 번째, 성인인 지금의 내가(39세, 주부 A) 상처 받은 '내면 아
이'(6세, 유치원생 A)에게 편지를 쓴다. 편지 내용은 '사랑한다.' '너
를 소중히 여긴다.' '너와 항상 함께 있겠다.' '너를 도와주겠다. 필
요한 것이 있으면 다 말할 수 있다. 하고 싶은 말이나 질문을 언제
든지 나에게 말하라.' 등이다.

두 번째, 상처 받은 '내면 아이'(6세, 유치원생 A)가 엄마, 아빠에
게 쓴다. 평소에 쓰지 않던 손으로 쓴다(오른손을 사용하는 사람은
왼손으로). 편지 내용은 상처 받은 '내면 아이'가 정말 원했고, 꼭
필요한 것인데도 받지 못한 것, 마음 아팠던 일 등이다. 주의 사항
은 부모를 '비난'하는 것이 아니라 '나의 상실한 마음'을 표현하는
것이다.

세 번째: 상처 받은 '내면 아이'(6세, 유치원생 A)가 성인인 지금
의 내(39세, 주부 A) 가 보낸 첫 번째 편지에 대한 답장을 한다.

● 편지를 큰 소리로 읽기

● 느낀 감정을 말하기

- 그룹에서 나의 마음 표현하기

> 그룹별로 집단에서 개인의 감정을 마음껏 표현할 수 있도록 도와준다. 표현을 들은 그룹원들은 적극적인 지지를 보내 준다. 돌아가며 한 사람씩 한다. 발표하는 사람이 안전지대임을 느끼게 해 준다.

- 나의 마음:

- 지지의 말:

- 지금 당신의 마음을 그림으로 표현해 보세요.

방치의 종류[2]

- 음식의 방치: 영양 있는 음식을 갖춰 주지 못하는 것.

- 욕구의 방치: 갖고 싶은 물건이 있으나 갖지 못한 채 방치됨.

- 보호의 방치: 혼자 있게 둠.

- 대화의 방치: 자녀와의 대화가 없음.

- 접촉의 방치: 쓰다듬거나 안아 주는 접촉이 없음.

---

2. 치유상담대학원대학교 김중호 교수의 〈내면 치유의 이론과 실제〉 강의 내용을 수정 보완했다.

- 놀이의 방치: 안전한 보호 속에서 함께 놀아 주지 못함.
- 정서적 방치: 달래 주고 위로해 주고 지지해 주는 것이 필요한데, 자녀의 정서 상태에 관심을 기울여 주지 못함.
- 경제적 방치: 너무나 가난하여 돌보지 못함.

어린아이에게는 상처로 남을 수 있는 환경

- 부모가 맞벌이를 하느라 혼자 있게 하거나 이웃에게 맡겨짐
- 너무 이른 나이에 돌봄 시설에 보내짐
- 부모가 지나친 과로로 인해 자녀를 돌보기 어려운 환경일 경우
- 부모의 병으로 인해 누워 있거나 입원한 경우
- 부모가 알코올 중독, 약물 중독으로 인해 자녀가 오히려 부모를 돌보아 주어야 하는 위치로 바뀐 경우
- 동생이 태어난 경우 박탈감과 함께 방치로 느껴질 수 있음
- 가장 심각한 방치는 부모의 이혼으로 인해 돌봄으로부터 방치된 경우

치유 활동

앞에서 했던 편지를 꾸준히 쓰면 치유에 도움이 된다. 또 다른

하나는 자신의 어린 시절 양육 환경을 기록하고 그중에서 어떤 것이 나를 괴롭히고 있었다는 것을 글로 표현하는 것이 좋다. A4 한 페이지 정도로 쓰고 발표하는 시간을 갖는다. 구체적으로 자신의 '내면 아이'를 알아 가는 치유의 시간이 될 것이다.

나눔의 예

"내가 ○○님이었다면 (   ) 느낌이 들 것 같아요."

"나는 지금 (   ) 마음이 느껴져요."

"○○님의 말을 들으니 지금 내 마음이 아파요. 내 마음이 괴로워요."

6. 거절당한 '내면 아이'

당신이 어렸을 때 부모님의 양육 태도는?

1. 다음 표에서 왼쪽 '부모님의 양육 태도'를 읽는 중에 당신의 기억을 자극하여 떠오르게 한 장면을 오른쪽 빈칸 '기억나는 사건'란에 기록한다.

[표 9] 부모님의 양육 태도와 자신의 기억

부모님의 양육 태도	기억나는 사건
부모의 마음속에 자녀가 머물 공간이 없었음	
자녀를 존재적으로 인정하려 하지 않았음	
어린 시절 다른 집으로 보냄	
자녀를 무거운 짐처럼 생각함	
나를 불행의 원인처럼 생각함	
내가 태어난 것을 후회한다고 말함	

2. 기억나는 사건을 회상하는 중에 떠오르게 한 장면을 생각하
   며 다음 질문에 대한 답을 자신의 말로 기록해 보자.

● 당신에게 있는 아픈 기억은 무엇인가?

● 언제, 어떻게 해서 생겼는가?

● 당신은 그때 어떻게 대응(반응)했는가?

● 그때의 마음을 표현하고 감정을 기록해 보자.

3. 다음 표의 글을 읽는 중에 당신의 성향이라고 생각하는 내용을 오른쪽 '메모'란 빈칸에 기록해보자.

[표 10] 자신의 성향과 상기되는 기억

나에게 있는 성향	떠오르는 생각 메모
• 사랑, 수용, 용납에 대한 강한 욕구가 있으나 스스로 부인하거나 억압함 • 내가 태어난 것을 저주스럽게 생각함 • 나의 자녀를 거절함 • 타인의 따뜻한 사람과 용납을 기대하지 않으며 바라지도 않음 • 누군가로부터 애정을 받고 있다는 감정을 느끼면 그 상대에게 집착을 느끼기도 함 • 거절에 대한 두려움이 마음속에 있음 • 거절받지 않기 위해 상대방의 이용 대상이 되어 주기도 함 • 남을 믿지 못하는 불신, 의심이 꽉 차 있음 • 상대방에게 가까이 다가가지 못함	

● 내 성향 가운데 고치고 싶은 것은 무엇인가?

● 나는 그러한 성향이 나타날 때마다 어떻게 대응(반응)했는가?

● 그때의 마음을 표현하고 감정을 기록해 보자.

내면 치유에 참가한 그룹의 구성원은 거절받은 '내면 아이'의 내부에 고립된 마음의 세계를 외부 세계로 연결해 주는 역할을 해 주어야 한다. 그러기 위해서는 지지 그룹 멤버들(또는 상담자)이 잘 반응해 주어야 한다. 라포 형성에 시간이 많이 소요될 수 있지만 포기하지 않고 꾸준히 지지 그룹 안에서 친밀감을 형성해 주고 안전한 분위기를 만들어 준다. 내면 치유를 부탁한 사람이 집착할 경우에도 안전감을 느낄 수 있도록 지지해 주는 그룹 구성원들 또는 상담자는 언제나 공감하고 지지해 주는 사람으로 든든하게 그 자리에 있어 주어야 한다. 내담자의 부정적 감정도 다 받아 줄 수 있는 든든한 지지 그룹이나 상담자가 필요하며, 그들 사이에는 인간과 인간으로 이어지는 진정한 관계성이 필요하다.

치유 활동

거절당한 '내면 아이'는 모든 사람이 자신을 '거부'할 것이며 '무관심' 또는 '멸시'할 것이라는 확고한 생각을 가지고 있다. 따라서 본인도 다른 사람들에게 다가가지 못하고 '나는 사랑받을 자격이 없다.'고 생각하며 그들을 적대적으로 대하는 경향이 있다.

작은 성공 경험을 격려하기

자신이 스스로 잘할 수 있는 일을 적어 보자. 자신이 작성한 내용 중에 다른 사람에게 도움을 줄 수 있는 것은 무엇인가? 그것이 누구에게 도움이 될까? 그 사람을 위해서 앞서 쓴 내용 중 가장 자신 있는 일을 실천해 보자.

- 그 사람의 반응을 적어 본다.
- 당신은 충분히 잘해 낸 것이다.
- 당신도 가치 있고, 능력 있는 사람이다.
- 당신도 누군가에게 도움을 줄 수 있는 자질이 있는 사람이다.
- 스스로를 안아 주고 격려하며 조그마한 선물을 한다.
- '내면 아이'에게 '참 잘했다'는 내용의 편지를 쓴다.

인정하고 수용하기

아이가 어떤 일을 잘해 냈을 때는 적극 칭찬한다. 작은 성취도 찾아내 칭찬해 준다. 추상적인 단어보다는 구체적으로 칭찬한다.

예화 1

성적이 늘 중하위권이던 자녀가 오랜만에 90점을 받은 국어 시험지를 들고 신나게 뛰어 들어오며 소리친다.

"엄마! 나~ 국어 90점이야!"

그때 소파에 앉아 있던 아빠가 말한다.

"수학은 몇 점이야?"

"ㅠㅠ…."

예화 2

성적이 늘 중하위권이던 자녀가 오랜만에 90점을 받은 국어 시험지를 들고 신나게 뛰어 들어오며 소리친다.

"엄마 나~ 국어 90점야!"

그때 소파에 앉아 있던 아빠가 말한다.

"와~ 우리 수진이가 열심히 공부했구나! 축하해!"

[표 11] 예화 1, 2를 읽고 아이의 입장에서 마음을 느껴 보자

예화 1 : 아이의 마음	
예화 2 : 아이의 마음	

아이를 인정하면 아이가 가진 장점이 보이기 시작한다. 그 장점을 칭찬한다.

아이는 칭찬을 받으면 어떤 일을 해낼 자신감이 생긴다. 특히 아이가 잘한 점과 좋은 방향으로 변화된 내용이나 노력을 한 과정을 칭찬하고 인정해 주면 더 잘하고 싶은 마음에 불을 붙일 수 있다. 이렇게 되면 부모의 기대에 못 미치는 것이나 고쳐야 할 행동들도 자신감을 가지고 능동적으로 변화하려고 노력하게 된다.

앞의 '예화 1'에서처럼 부모는 아이가 더 잘하기 위해서는 칭찬보다는 잘못한 점을 찾아 지적해 주어야 한다고 생각한다. 이러한 생각으로 인해 부모는 주로 아이의 부정적인 행동을 찾아서 이야기한다. 이렇게 부모가 자녀의 좋은 면보다 잘못을 지적하고 잔소리를 하면 아이들은 짜증을 내며 반항하게 된다.

자녀와 좋은 관계 맺기

　부모가 아이의 행동을 빨리 변화시키려고 심하게 꾸짖거나 지나치게 잔소리를 하게 되면 부모와 자녀 간에 가장 중요한 '좋은 관계'가 깨진다. 그렇게 되면(아이를 변화시키는 데 가장 중요한 '관계'가 손상되면) 아이의 변화는 더 어려워진다. 공부보다는 우리 자녀가 중요하다는 사실을 머리로만 알고, 입으로 전달하는 메시지는 자녀의 마음에 분노를 일으키는 말만 골라서 하는 부모가 많다. 아이의 변화는, 더 정확하게 말하면 아이의 성장은 멀리 보고 기다려 주어야 한다. 이슬비를 맞듯이 매일매일 조금씩, 천천히, 꾸준히 치밀한 계획을 세워서 인내를 가지고 대해야 한다. 나는 이것을 '이슬비 사랑'이라고 한다. 명심하자. '자녀의 마음을 잘 만져 주는 것보다 더 중요한 것은 없다.'
　인정하고 수용하는 말을 연습하자!
　"아~ 그렇구나!"

의자 요법

- 부정적인 의자: 나에게 욕을 하든지, 안 좋은 감정이나 부정적인 평가 등을 말로 표현하는 의자이다. 이곳에 앉아 나에게 2분 정도 말을 한다.
- 긍정적인 의자: 나에게 칭찬만 하는 의자다. 이 의자에 앉아서는 나에게 좋은 말만 한다. 좋은 점을 생각하고 또 생각해서 5분 정도 말할 수 있을 때까지 훈련한다. 이 의자에는 매일 한 번 이상 앉아서 자신을 칭찬한다.

- 긍정적인 의자에서 칭찬한 것을 요약하여 적어 보자.

7. 징벌 받은/학대받은 '내면 아이'

당신이 어렸을 때 부모님의 양육 태도는?

1. 다음 표에서 왼쪽 '부모님의 양육 태도'를 읽는 중에 당신의
   기억을 자극하여 떠오르게 한 장면을 오른쪽 빈칸 '기억나는
   사건'란에 기록한다.

[표 12] 부모님의 양육 태도

부모님의 양육 태도	기억나는 사건
자녀에게 미움, 분노, 적개심 등의 감정을 느낌	
자녀가 잘못을 했을 때 타이르는 대신 욕을 함	
매질을 많이 함	
자녀를 지나치게 불신함	
자녀가 실패할 것을 기대라도 하는 것 같은 태도	

2. 기억나는 사건을 회상하는 중에 떠오르는 장면을 생각하며
   다음 질문에 대한 답을 자신의 말로 기록해 보자.

* 당신에게 있는 아픈 기억은 무엇인가?

* 언제, 어떻게 해서 생겼는가?

- 당신은 그때 어떻게 대응(반응)했는가?

- 그때의 마음을 표현하고 감정을 기록해 보자.

3. 다음 표의 글을 읽는 중에 당신의 성향이라고 생각하는 내용을 오른쪽 '메모'란 빈칸에 기록해 보자.

[표 13] 자신의 성향과 상기되는 기억

나에게 있는 성향	떠오르는 생각 메모
• 자녀를 때리고, 처벌하는 것이 좋은 교육 수단이라고 생각함 • 선과 악의 경계를 분명히 지으려고 하는 경향이 있음 • 자녀를 학대한 후 죄책감 때문에 지나치게 과보호하는 것이 반복적으로 나타남 • 자기 자신을 스스로 처벌함(예: 하루 종일 대청소, 굶기 등) • 스스로 자기가 나쁜 사람이라는 부정적 자아상을 가짐 • 낮은 자존감과 수치심을 많이 느낌 • 부적절한 죄책감을 느낌 • 부적절한 증오심, 분노, 복수심이 있음 • 다른 사람에 대한 불신의 감정과 경계심이 많음 • 타인을 속이는 거짓말을 잘하고 자신의 감정까지도 속임 • 타인의 비도덕적인 행동을 보면 지나치게 독선적인 행동을 함	

- 내 성향 가운데 고치고 싶은 것은 무엇인가?

- 나는 그러한 성향이 나타날 때마다 어떻게 대응(반응)했는가?

● 그때의 마음을 표현하고 감정을 기록해 보자.

치유를 위한 노력

징벌이나 학대를 당한 '내면 아이'의 마음속에는 부모의 힘이 과장되게 큰 것으로 남아 있다. 당신을 징벌이나 학대로 괴롭혔던 부모를 성인이 된 뒤에 만나보면 한없이 나약한 한 사람임을 알게 된다. 따라서 용기를 내 직접 만나게 되면 그동안 당신이 가지고 있던 부모에 대한 상이 완전히 바뀌게 될 것이다. 부모가 더 이상 당신의 몸에 체벌을 가하거나 학대를 하지 못할 것이라고 확신할 수 있게 된다. 이러한 확신을 가지고 당신의 부모가 어린 시절 어떠한 가정에서 자랐는지 이야기를 들어 보라. 어떠한 환경에서 성장했고, 부모와의 관계는 어떠했는지 진솔한 이야기를 들어 보라. 그러면 그분 역시 누군가의 또 다른 피해자임을 알게 될 것이다. 그동안 당신에게 가해졌던 폭력의 뿌리를 알고 이해할 수 있을 것이며, 따라서 이제는 부모를 향한 연민의 정마저 느끼게 될 것이다. 이쯤 되면 부모에게 받았던 징벌이나 학대로 인한 내면의 상처가 많이 치유되고 홀가분하게 된다.

그러나 풀어야 할 또 하나의 문제가 있다. 그것은 아직도 내 마음속에 남아 있어 가끔씩 올라오는 분노, 복수심, 사람들에 대한 부적절한 경계심, 죄책감 등의 감정을 어떻게 치유할 것인가이다.

먼저, 복수심이나 죄책감을 인정하고 그러한 감정이 부적절한 것임을 인식해야 한다. 그리고 이 책에서 했던 프로그램과 같이 거짓된 메시지를 기록하고 확인하고 밖으로 드러내어 표현하는 것이 필요하다.

가장 좋은 방법은 당신을 지지하는 그룹 멤버나 또는 상담자의 도움을 받는 것이다. 징벌이나 학대받은 내면 아이의 특징상 다른 사람들과 친밀감을 형성하는 데 어려움이 있겠지만 시간이 많이 필요함을 인정하고 인내심을 가지고 꾸준히 만나야 한다. 상담자나 지지하는 그룹을 만나기 어려운 환경이라면 이 책을 여러 번 반복하여 정독하고 상처 받은 내면 아이 치유 프로그램에서 제시하는 실천 과제를 성실하게 수행하면 도움이 될 것이다.

8. 충동적인 '내면 아이'

어린 시절 부모로부터 충분한 훈련을 받지 못해 충동적인 '내면 아이' 상태로 마음에 남게 된 것이다. 부모의 양육 태도가 지나치게 유약할 때 나타나는 증세다. 부모의 너무 약하거나, 우유부단하고 지나치게 자기가 없을 때 자녀에게 형성될 수 있다. 과거에는 어른들이 필요 이상 억압적인 양육 태도를 보였으나 지금은 오히려 어른들이 허약하게 자녀에게 끌려가는 경향에 의해 많이 나타나고 있다.

당신이 어렸을 때 부모님의 양육 태도는?

1. 다음 표에서 왼쪽 '부모님의 양육 태도'를 읽는 중에 당신의 기억을 자극하여 떠오르게 된 장면을 오른쪽 빈칸 '기억나는 사건'란에 기록한다.

[표 14] 부모님의 양육 태도

부모님의 양육 태도	기억나는 사건
부모님의 당연한 권리와 위치를 희생하면서 자녀의 요구를 들어 줌	
자녀 앞에서 쩔쩔매고 눈치를 봄	
한계나 경계를 정해 주지 못하거나 희미함	
부당한 자녀의 욕구와 감정을 그대로 충족시켜 주며 훈계가 없음	
"오냐오냐!", "그래그래!"라는 말을 많이 사용함	

2. 기억나는 사건을 회상하는 중에 떠오르게 된 장면을 생각하며 다음 질문에 대한 답을 자신의 말로 기록해 보자.

● 당신에게 있는 아픈 기억은 무엇인가?

● 언제, 어떻게 해서 생겼는가?

● 당신은 그때 어떻게 대응(반응)했는가?

● 그때의 마음을 표현하고 감정을 기록해 보자.

3. 다음 표의 글을 읽는 중에 당신의 성향이라고 생각하는 내용을 오른쪽 '메모'란 빈칸에 기록해 보자.

● 나에게 있는 고치고 싶은 특징은 무엇인가?

● 나는 그러한 성향이 나타날 때마다 어떻게 대응(반응)했는가?

● 그때의 마음을 표현하고 감정을 기록해 보자.

[표 15] 자신의 성향과 상기되는 기억

나에게 있는 특징	떠오르는 생각 메모
• 통제 능력이 부족하고 충동적임 • 준법 정신이 없고 한계를 세우지 못함 • 적절한 책임감이 필요함을 알지만 실천하지 못함 • 배려심이 부족하고 무례하다는 평가를 받음 • 계획이나 결정에 충동적이고 즉흥적임 • 감정의 기복이 심하고 순간적인 기분에 의해서 행동함 • 과식, 과음, 과도한 선행 등 행동이 과도함 • 무대 위에서 주목받는 것을 좋아함 • 일관성이 없으며 행동을 예측할 수 없고 변덕이 심함 • 힘들고 어려운 일보다는 쉽고 재미있는 일만 함 • 목표 의식이 약하고, 꾸준히 인내하며 노력하는 것이 약함 • 일상적 삶에 원망, 짜증, 불만, 불평, 분노가 많음 • "나는 화를 내도 뒤끝이 없어."라는 표현을 자주함 • 자기중심적, 이기적 성향이 강함	

치유를 위한 훈련

1. 당신이 스스로 통제하기 어려운 '충동적인 습관'을 찾아 기록해 보자. [표 15]을 활용해 가까운 친구나 주변 사람들에게 부탁하여 찾아보아도 좋다.

[표 16] 충동적인 습관 목록

1.
2.
3.
4.
5.

2. 위에 기록한 내용을 당신의 삶에서 발견하면 경고해 줄 신뢰할 만한 사람의 명단을 적어 보자.

[표 17] 경고해 줄 사람 명단

가정	
친구	
직장	

3. 위 명단에 있는 사람들에게 당신의 '충동적인 습관 목록'을 출력하여 한 장씩 준다. 그들에게 '충동적인 습관 목록'에 있는 행동이 당신에게 발견되면 즉시 단호하게 경고해 줄 것을 부탁한다. 경고를 받을 때 그들에게 불평을 하거나 성가시다는 표현을 하면 강력한 벌칙을 약속해야 한다. 규칙을 정하고 위반했을 경우 고통과 불편함을 감수해야 하는 과정을 겪어야 치유가 된다.

4. 한 주간을 주기로 충동적인 습관을 잘 극복하고 경고를 적게 받았다면 당신 스스로에게 상을 주고 격려하라. 3주(21일)를 목표로 하고 실패했더라도 포기하지 말고 다시 3주를 목표로 도전해야 한다.

9. 과잉보호받은 '내면 아이'

　어린 시절 성장 과정에서 나의 부모는 너무 지나치게 나를 보호하지는 않았는가? 나를 키우면서 내가 스스로 할 수 있게 기회를 주지 않고 부모가 자신이 하고 싶은 대로 다해 주지는 않았는가? 내가 요구하기도 전에 부모가 다 알아서 대신해 주었는가? 우리 부모는 나에 대한 걱정으로 가득해 과보호하지는 않았는가? 만일 그렇게 했다면 과보호받은 '내면 아이' 상태로 지금 내 마음에 쌓여 있을 것이다. 다음의 안내를 따라서 점검해 보고 치유 프로그램을 실천해 보기를 권한다.

당신이 어렸을 때 부모님의 양육 태도는?

1. 다음 표에서 왼쪽 '부모님의 양육 태도'를 읽는 중에 당신의 기억을 자극하여 떠오르게 한 장면을 오른쪽 빈칸 '기억나는 사건'란에 기록한다.

[표 18] 부모님의 양육 태도

부모님의 양육 태도	기억나는 사건
하루 대부분의 시간을 나에게 집중하고 걱정함	
초등학교 때까지도 옷을 입혀 주고 밥을 먹여 줌	
내가 싫어하는데도 무엇인가를 계속 주었음	
내가 무엇을 하려고 시간 끄는 것을 참지 못하고 개입함	
부모가 알아서 다 해 주었기 때문에 나는 스스로 할 것이 없었음	
부부 사이가 안 좋아서 나에게 관심을 집중함	

2. 기억나는 사건을 회상하는 중에 떠오르는 장면을 생각하며 다음 질문에 대한 답을 자신의 말로 기록해 보자.

• 당신에게 있는 아픈 기억은 무엇인가?

• 언제, 어떻게 해서 생겼는가?

• 당신은 그때 어떻게 대응(반응)했는가?

• 그때의 마음을 표현하고 감정을 기록해 보자.

3. 다음 표의 글을 읽는 중에 당신의 성향이라고 생각하는 내용을 오른쪽 '메모'란 빈칸에 기록해 보자.

[표 19] 자신의 특징과 상기되는 기억

나에게 있는 성향	떠오르는 생각 메모
• 힘들고 어려운 일은 하지 않으려고 함 • 내 자신이 나를 과보호하려는 태도를 가짐 • 주변에서 내 부모와 같이 다 해줄 사람을 찾음 • 나의 자녀를 과보호하는 경향이 있음 • 어떤 일을 결정하고 추진하는 것을 어려워함 • 다른 사람이 나의 일을 다 해 주기를 기다림 • 책임감이 주어지는 것을 싫어함 • 새로운 일을 시작하거나 도전하는 것이 두려움 • 한 가지 일에 대해 꾸준한 관심을 갖지 못함 • 매사에 열정과 적극성이 없고 무기력함을 느낌 • 다른 사람들이 나에게 동정심을 느끼도록 유도함 • 나를 위해서는 많은 돈을 편하게 씀(고급 옷, 음식 등 낭비 와 사치 성향이 있음)	

● 나를 괴롭힌 가장 불편한 기억은 무엇인가?

● 나는 그러한 성향이 나타날 때마다 어떻게 대응(반응)했는가?

● 그때의 마음을 표현하고 감정을 기록해 보자.

과잉보호받은 '내면 아이' 치유를 위한 훈련

과잉보호받은 '내면 아이'의 마음에는 아직도 끊어 내지 못한 엄마의 심리적 탯줄이 있다. 아이가 태어날 때 탯줄을 끊어야 하듯이 심리적 탯줄이 끊어져야 한다. 심리적 탯줄을 끊는다는 것은 아픔을 수반한다. 과보호에서 만들어진 심리적 상처는 왜곡된 관계에서 생긴 것이기 때문에 그것에 대한 치료는 건강하고 좋은 인격적 관계를 경험하는 것에서 시작해야 한다.

- 심리적으로 나의 부모로부터 완전히 떠나겠다는 결심을 하고 실천해 본다. 예를 들면 매일 전화를 해야 마음이 편했다면 이제부터는 며칠 전화 안 해 보기를 실험적으로 실천해 본다.
- 빈 의자에 엄마가 앉아 있다고 상상하며(엄마 대역을 앉혀도 좋다) 맞은편 의자에 등을 돌리고 앉는다. 잠시 감정을 느껴 본 후에 큰 소리로 말한다. "엄마! 그동안 나를 보호해 줘서 고마워요. 이젠 내가 엄마를 떠나야 할 때가 되었어요!"라고 말한다. 그 말을 크게 세 번 하고 일어나서 걸어 나간다.
- "상처 받은 마음의 치유는 거저 되는 것이 아니다. 값을 치러야 한다."라는 말을 항상 기억한다.

그룹 치유 활동

그룹에서는 안정 애착 관계로 회복되도록 안전한 대상이 되어 주고, 충분히 사랑받고, 지지받고 있다는 것을 알 수 있도록 해 주어야 한다.

- 나와 부모님과의 관계

- 자신의 성장 과정을 간단히 기록

- 내면 아이에게 보내는 편지

- 어렸을 때의 사건(기억나는 것)

나눔

- 위의 네 가지 중 하나를 요약하여 발표한다.
- 그룹 구성원끼리 돌아가며 서로에게 지지해 주는 말을 한다.
- 느낀 점을 적고 그룹별로 나눈다.

이러한 활동을 그룹 토의식으로 진행하며 한 사람씩 피드백과 투사적 공감과 지지를 보내 준다. 예를 들면, "내가 ○○님의 내

면 아이라면 (　　　) 느낌이 들 것 같아요.", "○○님의 (　　　)
마음이 느껴질 것 같아요.", "지금 내 마음이 아파요.", " ○○님의
'내면 아이'에게 (　　　) 말을 주고 싶어요.", "힘내라고 말해 주
고 싶어요."라고 하는 것이다.

6장

내면 치유에 공통적으로
좋은 프로그램

1. 고향 방문하기

첫째 날: 행복한 기억

1. 아무 방해도 받지 않는 조용한 장소를 찾는다.
2. 바흐의 〈라르고〉와 같이 조용한 음악을 튼다.
3. 간단한 스트레칭으로 몸의 긴장을 푼다. 목, 어깨 등 온몸의 힘을 빼고 심호흡을 크게 하며 좋은 공기를 마신다.
4. 조용히 눈을 감고 어린 시절 가장 행복하고 기뻤던 장면을 떠올린다. 가능하면 더 어린 시절을 떠올려 본다.

[표 1]

문득 떠오른 장면을 기록해 보자.
가장 기뻤던 내 기억은 무엇인가?
언제, 누구와 관련이 있는가?
그때의 감정을 충분히 느껴 보자.

둘째 날: 마음 아픈 기억

1. 아무 방해도 받지 않는 조용한 장소를 찾는다.
2. 바흐의 〈라르고〉와 같이 조용한 음악을 튼다.
3. 간단한 스트레칭으로 몸의 긴장을 푼다. 목, 어깨 등 온몸에 힘을 빼고 심호흡을 크게 하며 좋은 공기를 마신다.
4. 조용히 눈을 감고 어린 시절 가장 슬펐던 일, 마음 아프게 했던 일이나 사건을 떠올려 본다. 가능하면 더 어린 시절을 떠올려 본다.
5. 그때의 감정을 느껴 본다.

[표 2]

내 기억을 자극할 때 떠오른 장면을 기록해 보자.

나의 가장 큰 상처의 기억은 무엇인가?

언제, 어떻게 해서 생겼는가?

그때 어떻게 대응했는가?

그때의 슬픔을 표현하고 감정을 느껴 본다.

셋째 날: 어린 시절 고향집 방문하기

마음속 상상으로 고향집을 방문해 보는 것이다.

1. 아무 방해도 받지 않는 조용한 장소를 찾는다.
2. 바흐의 〈라르고〉와 같이 조용한 음악을 튼다.
3. 간단한 스트레칭으로 몸의 긴장을 푼다. 목, 어깨 등 온몸의 힘을 빼고 심호흡을 크게 하며 좋은 공기를 마신다.
4. 조용히 눈을 감고 어린 시절 자신이 살던 집을 떠올려 본다. 가능하면 더 어린 시절을 떠올려 본다.
5. 전체적인 집을 마음으로 그려 본다.
6. 집을 다 그렸으면, 문을 열고 그 집 안으로 들어간다.
7. 집 안에서 가장 행복했던 곳을 찾아간다. 구석구석 돌아다니며 내게 기쁨을 주었던 곳으로 가 본다.
8. 다음은 내게 아픔을 주었던 곳을 찾아간다. 나에게 슬픔을 준 장소에 가 본다.
9. 마지막으로 나만의 비밀 장소에 가 본다.
10. 다시 한 번 집을 쭉 둘러보고 어린 시절 살던 집에 작별을 하고 나온다.
11. 눈을 뜨고 다녀온 집을 그린다. 크레파스나 색연필, 사인펜 등 본인이 좋아하는 필기도구를 가지고, 내가 마음으로 가 보았던 그 집을 구체적으로 자세하게 그린다.
12. 내게 기쁨을 주었던 장소에는 예쁜 색으로 ○, 슬픔을 주

었던 장소에는 검은색으로 X를, 비밀스러웠던 장소에는 ?을 표시한다. 별도의 A4 용지를 사용하여 [그림 1]처럼 그린다.

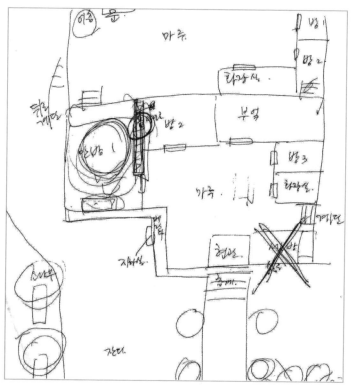

[그림 1] 어린 시절 살던 집

13. 각자의 그림을 가지고 모둠별로 모여서 돌아가며 자신이 그렸던 집에 대해 설명을 한다. 설명을 하고 나면 이야기를 들은 사람들이 느낌이나 공감, 지지의 말을 해 준다.

14. 다른 사람들의 이야기를 듣고 어떤 느낌이었는지 말한다.

2. 부모님의 이미지를 색깔로 표현하기

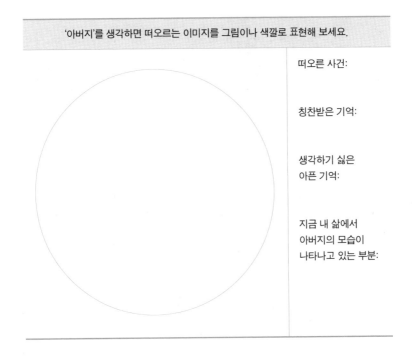

'아버지'를 생각하면 떠오르는 이미지를 그림이나 색깔로 표현해 보세요.

떠오른 사건:

칭찬받은 기억:

생각하기 싫은
아픈 기억:

지금 내 삶에서
아버지의 모습이
나타나고 있는 부분:

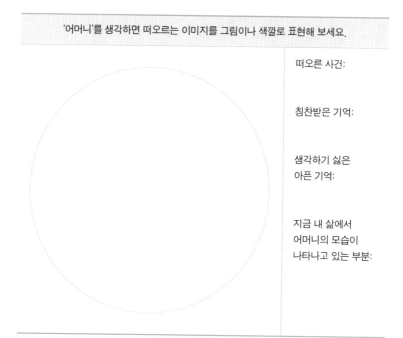

'어머니'를 생각하면 떠오르는 이미지를 그림이나 색깔로 표현해 보세요.

떠오른 사건:

칭찬받은 기억:

생각하기 싫은
아픈 기억:

지금 내 삶에서
어머니의 모습이
나타나고 있는 부분:

- 각자 자기 그림을 가지고 모둠에서 돌아가며 이야기한다. 이 야기를 들은 사람들이 느낌이나 공감, 지지의 말을 해 준다.
- 다른 사람들의 이야기를 듣고 어떤 느낌이었는지 말한다.

사례 1: 아직도 남아 있는 상처

51세 남성 내담자 아버지가 알코올 중독일 정도로 날마다 술에 취해 집에 들어와서 어머니와 싸우는 모습을 어린 시절부터 보며 자랐고, 청소년 시기 이후에는 그 싸움을 말리는 일이 가슴 아픈 기억으로 남아 있다.

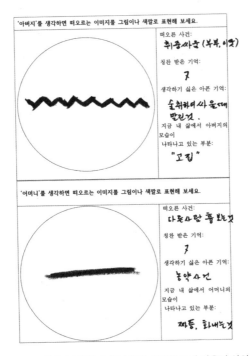

[그림 2] 부모의 갈등 속에서 어린 시절을 보낸 마음의 상처

[그림 3] 자녀의 마음: 답답함과 분노

사례 2: 아직도 남아 있는 사랑

45세 여성 내담자 어린 시절 아버지가 그네를 만들어 주셔서 재미있게 타고 놀았고, 물고기도 잡으러 다니고 과일과 통닭도 사주시고 함께 놀아 주신 추억이 아직도 가슴 따뜻하게 남아 있다.

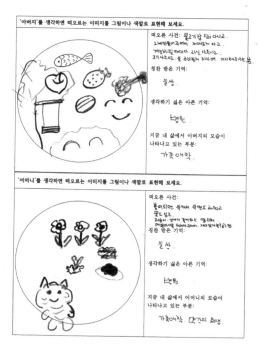

[그림 4] 행복한 부부 관계 속에서 양육된 행복한 마음

[그림 5] 자녀의 마음: 사랑과 행복

부모님이 나를 사랑한 흔적 찾기

부모님이 과거에 나에게 한 말 또는 어떠한 행동이나 사건에서 찾아 적어 보자.

느낌을 적고 모둠별로 나누어 보자.

느낌을 적어 보자.

3. 이상한 거울 보기: 왜곡된 자아상 깨뜨리기

다음 네 가지 거울(거울 A~거울 D)을 보면서 거울에 비친 자신의 모습을 스마트폰으로 찍는다. 스마트폰으로 찍은 자신의 모습을 간단하게 스케치한다(혼자서 책을 보며 이 프로그램을 진행한다면 여유 있게 시간을 두고 직접 거울 앞에서 스케치하는 것이 좋다).

거울 A: 볼록거울 앞에서 자신의 모습을 비추어 보고 스케치한다.

거울 B: 오목거울 앞에서 자신의 모습을 비추어 보고 스케치한다.

거울 C: 깨진 거울 앞에서 자신의 모습을 비추어 보고 스케치한다.

거울 D: 정상적인 거울 앞에서 자신의 모습을 비추어 보고 스케치한다.

- 앞서 제시한 네 가지 거울에 자신의 모습을 비추어 보고 느 낀 점을 기록한다.
- 스케치한 그림이 전혀 자신의 모습이 아닌 것 위에 커다랗게 X표를 한다.
- "이건 나의 모습이 아니다!"라고 말하며 반복하여 ×표를 하라.

왜곡된 거울 속에 비친 일그러진 나의 이상한 모습은 진정한 내가 아니다. 그것은 그동안 내가 가지고 있던 다른 사람이 만들어 준 왜곡된 나의 모습을 말해 준다. 다른 사람의 평가에 목숨을 걸 필요가 없다. 그들은 자신이 살아오며 만들어 온 극히 개인적인 경험과 가치관으로 나를 바라보고 평가한 것이다. 다른 사람이 나를 바라보고 입으로 말한 평가는 그들의 개인적인 견해일 뿐이라는 것이다. 나를 평가하는 많은 사람의 생각 중 하나일 뿐이라는 것을 기억해야 한다. 어린 시절부터 내 주변에는 없어서는 안 될 아주 중요한 역할을 하는 사람들이 있었다. 부모, 친지, 친구, 교사 들이다. 그러나 나를 사랑했던 부모나 선생님일지라도 많은 부분 왜곡된 거울일 수 있다. 우리 부모님의 세대에서도 그들의 부모(할머니, 할아버지)가 일그러진 거울을 물려주었을 수 있다. 따라서 '나를' 평가한 그들의 생각이 반드시 정확하다고 말할 수는 없다.

우리가 해야 할 일은 '나는 이 세상에 단 하나뿐인 소중한 사람이다.'라는 생각으로 나를 사랑하고 소중히 여기는 훈련을 해야 한다. 나의 외모나 행동 중 맘에 들지 않는 것이 있다 하더라도 나는 이 세상에서 특별한 존재다. 그 누구도 흉내 낼 수 없는 나만의 독특함이 있다. 강점이 있다. 많은 사람이 자신에게 있는 장점보다 단점에 신경을 쓰느라 에너지를 다 써 버린다. 자, 지금부터 '내 안에 있는' 장점을 찾아보고 스스로를 칭찬하고 격려하자.

• 나의 장점을 찾아 기록해 보자.

```




```

이러한 내용을 가슴에 새기며 스스로를 칭찬하고 격려해 주자. "정말 힘든 어린 시절을 보냈음에도 이렇게 좋은 점을 지켜 왔다니, 대견하구나!"처럼.[1]

---

1. 습관적으로 나를 비판하는 사람과는 당분간 거리를 두는 것이 좋다.

4. 내면 치유를 위한 조언: 지지 그룹 만들기

어린 시절 부모나 어른들로부터 받았던 지나친 징벌이나 거절 또는 억압의 아픈 경험들을 편안하고 안전하게 이야기할 수 있는 모임을 만드는 것이 중요하다. 이렇게 자신의 아픔을 다른 사람과 나누며 공감과 지지를 받으면 내면의 상처가 많이 치유되는 것을 볼 수 있다. 나의 상처를 다른 사람에게 투사하여 분노를 폭발하거나 비난을 퍼부어 관계를 악화시키고, 반대로 이러한 상처를 자기 탓으로 돌려 스스로를 비난하고 위축되는 경향을 없애기 위해서는 '건강한 드러냄'과 '공감과 지지 그룹'이 필요하다. 안전하고 공감을 잘하는 그룹을 만들어 이 책을 함께 공부하기를 권한다. 주 1회 2시간 정도 또는 격주로 2~3시간을 내어 보자. 지지해주는 그룹 안에서 존중과 공감과 격려를 받는 것이 내면 치유의 핵심이다.

놀랍게도 내면 치유 과정은 단순하다. 너무나 간단해 가정과 학교 그리고 어떠한 인간관계의 갈등 상황에도 적용하기가 쉽다. 부부 사이, 고부간, 부모-자녀 사이, 학급 운영, 수업 또는 학생지도 상황에서는 학생-학생 사이, 교사-학생 사이, 학교장은 학교 경영에, CEO는 회사 경영 등 어떤 상황에서도 사람들과의 문제에 쉽게 적용할 수 있다.

먼저, 신뢰할 만한 사람들로 구성된 모임에서 자신의 어린 시절부터 지금까지 살아오면서 힘들었던 일들을 이야기하고 서로 들어 주는 것이다. 나는 그동안 '내면 아이' 워크숍을 수없이 진행해왔지만, 단 한 번도 말하기와 경청하기의 효과에 놀라지 않은 적이 없었다. 그림 그리기, 상황 연극, 가족 세우기, 의자 요법 등 여러 가지 기법을 사용했지만 결국은 이야기를 끌어 내기 위한 도구들이었다. 이처럼 어떤 방법을 쓰던지 그 과정에 참여하여 다른 사람의 이야기를 들으면서 나의 마음속에 있는 아픔도 말할 수있는 힘이 생긴다. '내면 아이' 치유 워크숍에서 다른 사람의 이야기를 잘 경청하면, 그동안 모르고 지냈던 나의 내면에서 무엇인가 꿈틀거리며 올라오는 것들을 느낄 수 있게 된다. 알 수 없는 힘과 용기가 생긴다. 공감해 주며 진지하게 경청해 주는 다섯 명에서 여덟 명의 지지자들로 인하여 자신의 어린 시절 이야기를 하면서 그 사건을 재구성하고 객관적으로 볼 수 있게 되고, 부모나 형제 또는 가까이 지내던 사람들에게서 받은 상처가 점차 사라지게되는 것을 보게 된다.

내면 치유 워크숍에서 마흔 명 또는 예순 명 이상을 대상으로 강의를 할 때는 한두 사람만 대표로 치유 과정을 진행할 수밖에 없는데, 한 사람의 사례가 그곳에 있는 모든 사람에게 영향을 끼치는 것을 볼 수 있었다. 이처럼 한 사람이 자신의 아픔을 진솔하게 드러내는 것이 참가자 모두 각자 자신에게 있는 '내면 아이'를 만날 수 있도록 격려하고 용기를 주는 것이 된다. 진실한, 사람과 사람의 만남은 사랑의 힘으로 전달되어 함께 치유를 경험하는 공동체를 만드는 것이다. 워크숍 분위기가 이 정도까지 이르게 되면 참가한 모든 사람들은 각자 자신이 어린 시절부터 가지고 있던 억압받은 사건이나 거절당한 아픔 등을 함께 느끼고 공감하게 된다. 이러한 아픔이 자신만이 겪었던 특별한 일이 아니라는 사실에 안도하며 두려움 없이 '내면 아이'를 만나고 치유할 수 있는 힘이 생긴다.

지금 우리 사회의 안타까운 특징 중 하나는 공동체가 해체되면서 마음을 터놓고 이야기할 상대가 마땅히 없다는 것이다. 동네 사랑방이나 공동 빨래터는 옛날이야기가 되어 버렸다. 만연해 있는 이기주의와 각자 자신의 좋은 모습만 보여 주고 싶어 하는 사회 분위기가 우리를 더욱 고립시킨다. 자신의 아픔은 드러내지 못하게 하는 분위기를 극복하는 방법은 '나를 지지해 주는 그룹'을 만드는 것이다. 스마트폰 단체 카톡방이나 SNS가 아닌, 얼굴과 얼굴을 맞대고 이야기하는 모임이 필요하다. 가까이에 있는 사람 몇 명부터 시작하자!

인문학적 관점에서 생각하고 판단하는 힘!
가치융합, 사회통합을 지향하는

맘에드림 생각하는 청소년 시리즈

학교도서관저널 추천도서

공간의 인문학
한현미 지음 / 값 12,000원

어떻게 더 행복한
공간에서 살 것인가?

학교도서관저널 추천도서

십대들을 위한
생각연습
정종삼 · 박상욱 지음 / 값 12,000원

우리가 어른이 되기 전에
생각해볼 것들

행복한 아침독서 추천도서

모두, 함께, 잘,
산다는 것
김익록 · 박인범 · 윤혜정 · 임세은 ·
주수원 · 홍태숙 지음 / 값 10,000원

청소년을 위한
사회적 경제 이야기

학교도서관저널 추천도서

십대들을 위한
맛있는 인문학
정정희 지음 / 값 12,000원

먹거리에 비친
나와 너 그리고 우리

학교도서관저널 추천도서
전국지리교사모임 추천도서

(개정증보) 지리는 어떻게
세상을 움직이는가?
옥성일 지음 / 값 13,500원

청소년을 위한
지리와 세계 패권 이야기

쉬는 시간에 읽는
젠더 이야기
김선광 · 이수영 지음 / 값 12,000원

차별과 혐오에 맞서는
소녀소년

학교도서관저널 추천도서

폭염의 시대
주수원 지음 / 값 10,000원

십대들을 위한
기후변화의 사회학

책따세 추천도서
학교도서관저널 추천도서

경제를 읽는
쿨한 지리 이야기
성정원 지음 / 값 13,500원

십대들을 위한
경제지리학

방구석에서 읽는
수상한 미술 이야기
박홍순 지음 / 값 14,000원

청소년을 위한 명화
그리고 세상 이야기

10대,
놀이를 플레이하다
박현숙 지음 / 값 13,500원

청소년을 위한
놀이 인문학

학교도서관저널 추천도서

십대들을 위한
꽤 쓸모 있는 과학책
오미진 지음 / 값 14,000원

평범한 일상에서 발견한 비범한
과학원리

학교도서관저널 추천도서

십대들을 위한 좀 만만한
수학책
오세준 지음 / 값 13,500원

수학의 언어로 이해하는 흥미진
진한 세상

세종도서 교양부문 선정 도서

바이러스 철학을 만나다
박상욱 지음 / 값 14,000원

불확실성 시대를 돌파하는
철학의 힘

그림책으로 시작하는
철학연습
권현숙 · 김준호 · 백지원 ·
조형옥 지음 / 값 14,000원

마음과 생각이 함께 자라는
그림책 읽기

학교도서관저널 추천도서
세종도서 교양부문 선정 도서

10대, 우리답게 개념 있게
말하다
정정희 지음 / 값 14,000원

언어 감수성을 높이는
슬기로운 언어생활

학교도서관저널 추천도서

청소년을 위한
미디어 리터러시 이야기
강정훈 지음 / 값 14,000원

뉴미디어 시대,
허위 정보를 판별하는 법

학교도서관저널 추천도서

통섭적 사고력을 키우는
냉장고 인문학
안창현 지음 / 값 14,000원

생각하는 힘을 키우는
청소년 인문학

10대가 알아야 할
민주주의의 꽃, 선거
서지연 · 이임순 · 조미정 ·
현숙원 지음 / 값 14,000원

선거를 통해 알아보는
민주주의의 의미

지구를 구하는
우리는 세계시민
백용희 · 박지선 · 박지희 ·
이시라 지음 / 값 16,000원

사회적 감수성을 높이는
청소년 세계시민교육

우수출판콘텐츠 제작 지원 사업 선정 도서

그림책으로 시작하는
진로수업
고영심 · 고지연 · 김기정 · 김준호
· 성윤미 지음 / 값 15,000원

그림책과 함께
나를 찾아가는 진로 여행

인간답게 정의롭게,
그래서 헌법이야!
주수원 지음 / 값 15,000원

십대들을 위한 쓸모 있는
헌법 이야기

역사가 쉬워지는
답사여행
이연민 지음 / 값 16,000원

청소년을 위한
역사 속 인물 이야기